POWERPOINT 2016

Paso a Paso

Handz Valentin

PowerPoint 2016 Paso a Paso (2da edición)

Publicado por

ValentinBook

www.valentinbook.com

Autor: Handz Valentin

Editorial: ValentinBook Publishing

Diseño y Diagramación: Johan Valley

Publicado por: ValentinBook

Diseño de cubierta: Johan Valley

ISBN: 978-1546393528

POWERPOINT 2016

Paso a Paso

Handz Valentin

Para la persona que me acompaña día a día, María Valdivia.

Sobre el Autor

Handz Valentin es un escritor internacional con 11 años de experiencia ocupando roles de director, consultor, jefe de proyectos, docente y escritor creativo. Fundador de la marca editorial *ValentinBook Publishing* especializada en libros técnicos informáticos.

Es autor de colecciones de gran éxito como "Aprenda y domine", "Paso a Paso", "La Biblia" y "Perezosos", y han sido traducidos a diferentes idiomas entre los que figuran el inglés, portugués e italiano.

En sus tiempos libres trabaja como guionista; escribiendo comerciales, películas y videoclips.

Contenido

Capítulo 6: Insertar Diagramas y Gráficos   177

Capítulo 7: Aplicar Transiciones, Animaciones y Multimedia   207

Capítulo 8: Preparar y entregar presentaciones   243

Descargar Archivos de Práctica   265

Introducción

Bienvenidos a PowerPoint 2016 Paso a Paso. Este libro ha sido escrito con mucho esmero para que usted, estimado usuario, pueda sacar el máximo provecho a las herramientas de PowerPoint 2016.

PowerPoint es la herramienta perfecta para la creación, edición y publicación de presentaciones profesionales. Cuando nos referimos a *presentaciones*, estamos hablando de cualquier tipo de interacción entre un orador y la audiencia. Por ello, PowerPoint puede ser utilizado en diferentes entornos tales como:

- **Presentaciones en vivo:** ideal para presentaciones de negocio o lanzamiento de algún producto. El orador utiliza PowerPoint como una ayuda visual para su exposición.

- **Informe de negocios:** ideal para presentar el diagnóstico empresarial, los avances de un proyecto o el prototipo de un producto. El jefe de proyectos o encargado utiliza PowerPoint para mostrar gráficamente (usando diagramas SmartArt, gráficos e imágenes) diversos puntos importantes que son de interés para la empresa o negocio.

- **Contenido e-Learning**: ideal para presentaciones con contenido educativo. Los docentes utilizan PowerPoint para crear presentaciones que ayuden a mejorar el aprendizaje de los alumnos utilizando imágenes, animaciones y vínculos entre diapositivas.

- **Catálogo de productos**: ideal para empresas que venden diversos productos. Con PowerPoint puede armar un álbum de fotos, aplicando temas y diseños personalizados, para presentar un catálogo de productos que pueden ser publicados de modo online para sus potenciales clientes.

En este libro, aprenderá a dominar PowerPoint 2016 a su propio ritmo con ejercicios paso a paso. Cada capítulo está trabajado independientemente, por lo que puede usarlo como un libro de consulta e ir directamente al tema que más le interesa. Si es nuevo en PowerPoint, empiece desde el principio. Notará que cada vez que termina un capítulo, su conocimiento y habilidades aumentarán.

¿Quién debería leer este libro?

Este libro contiene temas y muchos ejercicios que lo ayudarán a ser productivo en el trabajo, en los estudios, o en la vida personal. La siguiente lista describe a quienes puede ayudar este libro:

- **Usuarios nuevos** de PowerPoint que deseen aprender a utilizar las herramientas más productivas de esta aplicación.

- **Usuarios experimentados** que deseen dar un vistazo a algunas novedades de PowerPoint 2016.

- **Docentes** que deseen incrementar sus habilidades en esta aplicación para el uso de las TIC en el aula.

- **Estudiantes** que quieran utilizar PowerPoint para mejorar sus presentaciones en clase.

- **Profesionales** que quieran aumentar su productividad en el entorno laboral.

Cómo se organiza este libro

Este libro se organiza en ocho importantes capítulos que lo ayudarán a aprender las diversas técnicas y herramientas para la creación de presentaciones profesionales:

- **Capítulo 1: Explorar PowerPoint 2016**. En este primer capítulo, aprenderá sobre las diversas versiones de PowerPoint y se familiarizará con la interfaz de usuario. Aprenderá a navegar rápidamente por algunas presentaciones y podrá configurar su cuenta de Office.

- **Capítulo 2: Trabajar con Presentaciones**. En este capítulo aprenderá a crear, guardar y abrir presentaciones. Conocerá su espacio de trabajo y cambiará diferentes vistas de presentaciones para facilitar la edición y la visualización de sus presentaciones. Por último, conocerá la diferencia entre cerrar presentaciones y salir de PowerPoint.

- **Capítulo 3: Trabajar y Organizar Diapositivas**. En este capítulo aprenderá a trabajar con sus diapositivas y podrá dividirlas en secciones para organizar su presentación. Además, podrá aplicar un tema y un fondo al diseño de diapositiva.

- **Capítulo 4: Ingresar y dar formato al texto**. En este capítulo aprenderá a ingresar texto y aplicar diversos formatos básicos. Además, aprenderá a insertar texto en WordArt y, por último, organizará sus textos en tablas.

- **Capítulo 5: Insertar imágenes, Formas e Iconos**. En este capítulo, aprenderá las diversas técnicas para insertar imágenes, formas e iconos. Además, conocerá herramientas para aplicar formato a estos objetos gráficos.

- **Capítulo 6: Insertar Diagramas y Gráficos**. En este capítulo aprenderá a insertar diagramas de SmartArt y gráficos de Excel directamente en sus diapositivas para luego aplicarles diversos formatos.

- **Capítulo 7: Aplicar Transiciones, Animaciones y Multimedia**. En este capítulo aprenderá a aplicar efectos de transición a sus diapositivas, aplicará animaciones a los objetos y terminará añadiendo audio y vídeo.

- **Capítulo 8: Preparar y Entregar Presentaciones**. En este capítulo aprenderá a personalizar una presentación para varias audiencias. Podrá ensayar una presentación y conocerá técnicas para distribuir su contenido.

Archivos de Prácticas

Antes de completar los ejercicios en este libro, necesita descargar los archivos de práctica y copiarlos en su equipo. Estos archivos de práctica pueden ser descargados desde el enlace proporcionado al final del libro.

> *La aplicación PowerPoint no está disponible como parte de los archivos de práctica. Deberá comprarlo o adquirir una suscripción a Office 365.*

Cómo usar los archivos de prácticas

Una vez descargado el archivo ZIP, siga estos pasos:

1. Descomprima los archivos.

2. Copie o mueva la carpeta **PowerPoint-Lab** a la unidad **C:**.

3. Cuando el ejercicio se lo exija, deberá ingresar a la carpeta **PowerPoint-Lab** y luego a la carpeta del capítulo que corresponda. Por ejemplo, en algún ejercicio, posiblemente se le pedirá ingresar a **C:** | **PowerPoint-Lab** | **Capítulo4**.

Formato eBook

Además de tener la versión impresa de este libro, puede adquirir una versión en eBook con un 70% de descuento a través de nuestros distribuidores.

Ahora, todos nuestros ebooks llegan con tres formatos:

- **Formato ePub y Mobi:** El texto se adapta a todos los dispositivos portátiles. El formato Mobi está adaptado para dispositivos y aplicaciones Kindle.

- **Formato PDF:** El libro es una copia idéntica de la versión impresa.

Para obtener los tres formatos, deberá registrar su libro en nuestro sitio web. Véase *Cómo registrar su libro en ValentinBook*.

Oferta especial para instituciones educativas

Los libros de ValentinBook están disponibles para escuelas, institutos superiores y universidades a un precio especial de licenciamiento por volumen.

1. Envíe un mensaje de correo electrónico a: **contacto@valentinbook.com** con su consulta o pedido.

2. Se le reenviará un mensaje de correo electrónico confirmando su solicitud y los pasos necesarios para la compra.

Beneficios de comprar un libro en ValentinBook

Al adquirir este libro en formato impreso o eBook, ya forma parte del programa **Actualización Constante**. Con este programa podrá obtener actualizaciones del libro gratuitamente. Las razones para que este libro se actualice cada cierto tiempo son:

- Nuevas características de PowerPoint 2016 por parte de las actualizaciones de Office 365.

- Comentarios y peticiones por parte de los usuarios quienes compraron el libro. Pueden dejar sus comentarios, revisiones y peticiones a través de los de nuestro sitio web, Facebook, LinkedIn o Twitter.

  Facebook: https://www.facebook.com/valentinbook

  LinkedIn: https://www.linkedin.com/organization/10436798

  Twitter: https://twitter.com/valentinbook

- Revisiones y erratas.
- Temas que el autor cree conveniente de actualizar o añadir al libro.

> *Para obtener las actualizaciones constantes gratuitamente y otros beneficios, registre su libro en nuestro sitio web.*

Cómo registrar su libro en ValentinBook

Para beneficiarse con el programa **Actualización Constante**, registre su libro en nuestra web siguiendo estos pasos:

1. Ingrese a www.valentinbook.com.

2. Clic en el enlace **Registre su libro**.

3. Rellene los campos en el formulario:

   - **Name & Last Name:** Nombres y apellidos.

   - **Email address:** Dirección de correo electrónico.

   - **ISBN:** Código ISBN que se encuentra en el código de barras del libro o en la página *Descargar archivos de práctica* si es un ebook.

4. Clic en el botón **Enviar**.

> *De ser necesario, revise su bandeja de correo no deseado o spam y agregue a ValentinBook como una dirección de correo de confianza.*

Capítulo 1: Explorar PowerPoint 2016

En este capítulo aprenderá a:

- Conocer las diversas versiones de PowerPoint

- Iniciar PowerPoint

- Familiarizarse con la interfaz de usuario

- Administrar su cuenta de Office

> *No se necesitan archivos de práctica para este capítulo.*

PowerPoint 2016 es una aplicación que pertenece a la suite de Microsoft Office 2016. Al ser miembro de una suite, significa que PowerPoint comparte varias características que son similares en Word, Excel, y otras aplicaciones de Office.

PowerPoint es la herramienta perfecta para la creación, edición y publicación de presentaciones profesionales para diferentes audiencias. Por ello, PowerPoint puede ser utilizado en presentaciones en vivo, informes de negocios, presentaciones e-learning o catálogo de productos.

En este capítulo, aprenderá sobre las diversas versiones de PowerPoint que están disponibles en el mercado. A continuación, abrirá la aplicación y se familiarizará con el entorno. Luego navegará rápidamente por algunas presentaciones y administrará su cuenta de Office.

Conocer las diversas versiones de PowerPoint

Este libro está enfocado en el uso exclusivo de PowerPoint 2016 que pertenece a la suite de aplicaciones de Microsoft Office 2016. Sin embargo, existen diversas versiones de PowerPoint que pueden ser utilizados en diversos entornos.

La versión que utilizamos en este libro es PowerPoint 2016 para escritorio. Esta versión es la más completa porque llega con todas las características disponibles para crear, editar y publicar sus presentaciones. Por otro lado, puede obtener una versión especial conocida como *PowerPoint mobile*, esta versión se adapta a diversos dispositivos como teléfonos y tabletas (iOS y Android) o algunos equipos con Windows 10.

Además, puede utilizar una versión completamente online de PowerPoint con herramientas básicas donde puede editar sus presentaciones y guardarlos en la nube para compartirlos con otras personas. Si necesita más características, puede abrir su presentación online desde la versión de escritorio de PowerPoint y continuar editando.

PowerPoint y Office 365

Hace un buen tiempo atrás, la única forma de tener instalado PowerPoint o cualquier aplicación de Microsoft Office era ir a una tienda autorizada, comprar un disco, e ir a casa a instalarlo. Hoy, las cosas han cambiado un poco y Microsoft ofrece un servicio de suscripción conocido como Office 365. Office 365 está disponible para empresas, pequeños negocios, instituciones educativas, para el hogar y para personas individuales. Mediante una suscripción mensual o anual, puede hacer uso de la suite completa de Microsoft Office 2016 en Pc o Mac y otros dispositivos, tener hasta 1TB de almacenamiento en nube con OneDrive y 60 minutos al mes para llamadas fijas con Skype.

> Las características descritas en esta sección se refieren al plan de suscripción Office 365 Hogar y Office 365 Personal.

Una de las ventajas de tener una suscripción a Office 365 es la aparición de nuevas características en todas las aplicaciones. Mientras se terminó de escribir este libro, las nuevas características añadidas a PowerPoint fueron: la inserción de iconos SVG, creación de presentaciones rápidas, ideas para el diseño de diapositivas, y mucho más.

Iniciar PowerPoint

Para empezar a conocer PowerPoint y todas sus características, primero tendrá que iniciar la aplicación. La manera de iniciar la aplicación dependerá de su sistema operativo y de sus gustos de personalización.

Por ejemplo, cuando se instala la suite de Microsoft Office, unos pequeños iconos de acceso directo aparecen dentro del menú Inicio. Algunos usuarios, crean accesos directos anclados en el mismo menú inicio, en la barra de tareas o en el escritorio para abrir la aplicación más rápido. Otros usuarios con más experiencia, utilizan un método ejecutable para abrir la aplicación escribiendo un comando.

PowerPoint 2016 puede ser instalado en Windows 10, Windows 8 o Windows 7. Cada uno de estos sistemas operativos tienen unas pequeñas diferencias para abrir o encontrar una aplicación. Por ejemplo, en Windows 10 y Windows 7 se encuentra el menú inicio, mientras que en Windows 8 este *menú inicio* es reemplazado por otra interfaz conocida como *Pantalla inicio*.

Para iniciar PowerPoint desde cualquier sistema operativo

- En Windows 10, clic sobre el botón **Inicio** y navegue hasta la letra de índice **P**. A continuación, clic sobre **PowerPoint 2016**.

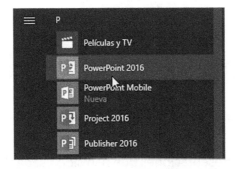

- En Windows 8, navegue por la **Pantalla Inicio** y haga clic sobre el mosaico **PowerPoint 2016**.

- En Windows 7, clic sobre el botón **Inicio**, clic sobre **Todos los programas**, navegue hasta la carpeta **Microsoft Office**, y clic sobre **PowerPoint 2016**.

O

- En Windows 10, clic sobre el botón **Inicio** o sobre el **cuadro de búsqueda**, y escriba `PowerPoint`. A continuación, haga clic sobre el icono de **PowerPoint 2016** que aparece como resultado de la búsqueda.

- En Windows 8, estando en la **Pantalla Inicio**, escriba `PowerPoint` y haga clic sobre el icono **PowerPoint 2016** que aparece como resultado de la búsqueda.

- En Windows 7, clic sobre el botón **Inicio**, escriba directamente `PowerPoint` y haga clic sobre el icono **PowerPoint 2016** que aparece como resultado de la búsqueda.

Para iniciar PowerPoint usando un comando ejecutable

1. En cualquier sistema operativo, pulse las teclas `Windows+R` y escriba: `powerpnt` y pulse `Enter` o clic en **Aceptar**.

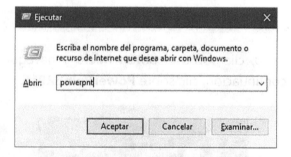

Conocer la pantalla Inicio de PowerPoint

Una vez haya iniciado PowerPoint, la primera pantalla que verá es conocida como la **Pantalla Inicio**. Esta interfaz está dividida en dos áreas principales. El área coloreada muestra las presentaciones que han sido usadas recientemente, y el área más amplia muestra las plantillas que puede utilizar para crear una presentación.

Para empezar a trabajar con PowerPoint deberá abrir una presentación reciente, o hacer clic en la opción *Presentación en blanco* o elegir alguna de las plantillas disponibles.

Familiarizarse con la interfaz de usuario

Cuando empiece a trabajar en una presentación, la pantalla principal de la aplicación es conocida como la **interfaz de usuario**. Dentro de la interfaz de usuario se encuentran todos los elementos necesarios para editar una presentación. La interfaz de usuario de PowerPoint, y todas las otras aplicaciones de Office 2016, presentan las mismas partes principales: el área de título, la cinta de opciones, el área de trabajo y la barra de estado.

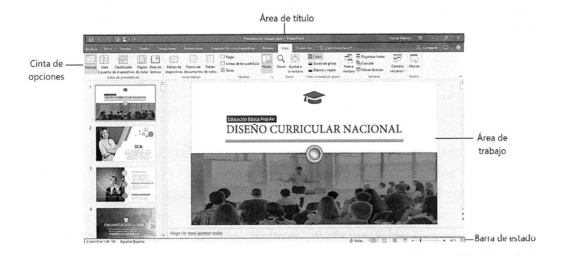

En el medio del área de título se muestra el nombre de la presentación actual. Al extremo izquierdo, se encuentra la barra de herramientas de **Acceso rápido**; es en esta barra donde se organizan comandos comunes como **Guardar**, **Deshacer** o **Rehacer/Repetir**. Al extremo derecho, se encuentran los botones de control **Cerrar**, **Maximizar/Restaurar** y **Minimizar**, además de los botones **Opciones de presentación de la cinta de opciones** y el nombre de usuario activo.

La **cinta de opciones** es el lugar donde se muestran todos los comandos necesarios para editar su presentación. Para que pueda navegar a través de los diferentes comandos, la cinta de opciones se organiza en *pestañas* y *grupos*. Las pestañas están en la parte superior, como **Inicio**, **Insertar** o **Diseño**. Cada pestaña organiza los comandos en diferentes grupos, por ejemplo, la pestaña **Inicio** tiene los grupos **Portapapeles**, **Diapositivas**, **Fuente**, **Párrafo**, **Dibujo** y **Edición**. Para acceder a cualquier comando, primero debe hacer clic en una pestaña, luego deberá ubicar un grupo, y después hacer clic sobre el comando correspondiente.

El área de trabajo es el espacio más amplio en la interfaz de usuario. Desde esta área podrá manipular los diversos elementos que pueda insertar a sus presentaciones. A la izquierda está el **Panel de diapositivas** mostrando diapositivas en miniatura, mientras que, en el área central, se muestra una diapositiva de tamaño más grande que es simplemente la diapositiva que ha sido seleccionada en el Panel de diapositivas.

Panel de diapositivas

Diapositiva principal

La barra de estado muestra información importante sobre su trabajo. Por ejemplo, al extremo izquierdo se muestra el número de diapositivas que hay en una presentación y posiblemente el idioma del contenido. Al extremo derecho se encuentran varios botones para cambiar las vistas de la presentación. Aprenderá más sobre las vistas de presentación en el *Capítulo 2: Trabajar con Presentaciones.*

Número de diapositivas

Activar el panel de notas

Herramientas de Zoom

Idioma del contenido

Vistas de presentación

Ajustar diapositiva a la ventana actual

Trabajar con la Cinta de opciones

La cinta de opciones es una adaptación mejor organizada de las barras de herramientas que existían en versiones antiguas de PowerPoint. Cada una de las pestañas tienen nombres intuitivos, y dentro de ellas, grupos que organizan eficientemente las diversas herramientas de la aplicación.

Si necesita insertar una imagen en su presentación, solo debe hacer clic sobre la pestaña **Insertar**, luego deberá ubicar el grupo **Imágenes**, y después hacer clic sobre el comando **Imágenes**. Al hacerlo, esta acción hará que aparezca una ventana donde puede elegir la imagen que quiere insertar. Sin embargo, no todos los comandos funcionan igual. Por ejemplo, en la misma pestaña **Insertar**, en el grupo **Tablas**, el comando **Tabla** tiene una flecha apuntando hacia abajo; a continuación, observe el comando **Nueva diapositiva** que está en el grupo **Diapositivas**, aunque ambos comandos tienen una flecha apuntando hacia abajo, estos no funcionan igual.

Si señala el comando **Tabla**, este se sombrea. Por otro lado, si señala el comando **Nueva diapositiva**, dependiendo donde señaló, se puede sombrear solo el botón o solo la flecha, esto significa que tiene dos funciones. Si un comando tiene doble función (al igual que el comando **Nueva diapositiva**), hacer clic sobre el botón desencadena una acción mientras que, hacer clic en la flecha, mostrará un menú de opciones.

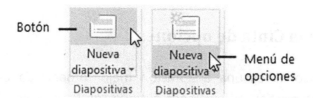

Algunos comandos funcionan también como galerías. Las galerías son pequeñas miniaturas dentro de una lista que permiten realizar una acción, generalmente basados en el diseño o presentación de algún elemento. Por ejemplo, en la pestaña **Diseño**, en el grupo **Temas**, se encuentra la galería de **Temas**. Cada una de estas miniaturas permite cambiar el diseño completo de las diapositivas.

Puede señalar cualquiera de las miniaturas para que se active la *Vista preliminar en vivo* y ver cómo podría quedar el diseño de la diapositiva; una vez haya tomado una decisión, puede hacer clic sobre la miniatura.

Para expandir la galería y ver más miniaturas, puede hacer clic sobre el botón **Más**.

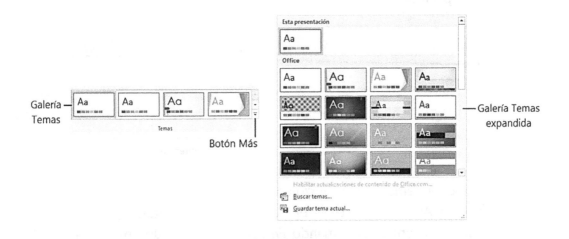

> *Un comando es una herramienta (puede ser un icono, un botón o una lista) que le dice a PowerPoint que realice una tarea específica.*

La cinta de opciones trabaja de manera inteligente mostrando las herramientas necesarias cuando las requiera. Existen herramientas que solo aparecen con determinados elementos. Por ejemplo, cuando inserta una imagen y la selecciona, la cinta de opciones reacciona y muestra una *pestaña contextual* que incluye una nueva pestaña llamada **Formato**. En esta nueva pestaña se encuentran todos los comandos necesarios para editar la imagen insertada.

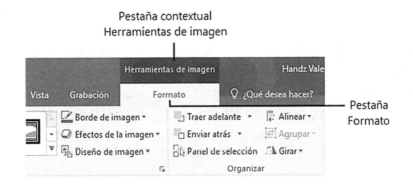

Además de los comandos disponibles a simple vista en la cinta de opciones, hay otros comandos avanzados que aparecen en cuadros de diálogo y paneles. Para activarlos, debe hacer clic sobre el botón llamado **Iniciador de cuadros de diálogo**. Este botón se encuentra solo en algunos grupos, por ejemplo, en la pestaña **Inicio**, los grupos *Portapapeles*, *Fuente*, *Párrafo* y *Dibujo* presentan un iniciador de cuadros de diálogo respectivamente.

Iniciadores de cuadros de diálogo

No necesita poner demasiado esfuerzo en aprender dónde se ubican cada uno de estos comandos. Aunque la cinta de opciones es bastante intuitiva, quizá no sepa en qué pestaña encontrar el comando *Ensayar intervalos*. Una manera bastante simple de encontrar un comando es usando el cuadro **¿Qué desea hacer?** Este cuadro se ubica a la derecha de las pestañas de la cinta de opciones. Basta con escribir el nombre de un comando o la acción que quiera realizar, para que el cuadro muestre los resultados coincidentes a su búsqueda.

Cuadro
¿Qué desea hacer?

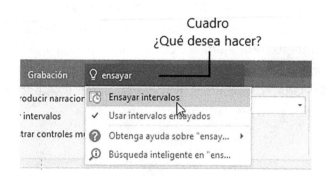

Durante mucho tiempo han existido comandos del cual ya sabemos cómo y para qué usarlos, tales como *Negrita*, *Cursiva* o *Subrayado*. Sin embargo, es posible que los usuarios desconozcan el funcionamiento de algún comando. Cuando señala un comando en la cinta de opciones, se activará un *Screentip* (*Información en pantalla*) mostrando el nombre, la función, y si es posible, el método abreviado de ese comando.

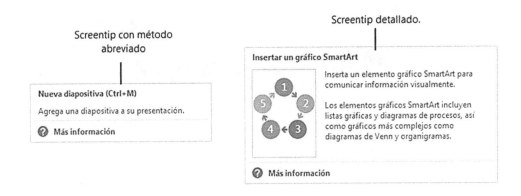

Para tener más espacio de trabajo, puede ocultar todo o parte de la cinta de opciones. Al extremo inferior derecho de la cinta de opciones se encuentra un botón, con el símbolo de un chevrón, que permite contraer la cinta de opciones mostrando solo las pestañas. Haga clic en cualquiera de las pestañas para desplegar momentáneamente la cinta de opciones, realice una acción, y a continuación la cinta de opciones volverá a ocultarse. Si ya está acostumbrado a trabajar con la cinta de opciones, y la necesita de forma permanente, solo necesita pulsar doble clic sobre cualquier pestaña.

Para ocultar la cinta de opciones mostrando solo las pestañas

1. Realice alguna de estas acciones:

   - Al extremo inferior derecho de la cinta de opciones, haga clic sobre el símbolo del chevrón llamado **Contraer la cinta de opciones**.

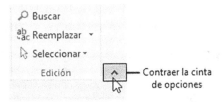

   - Haga doble clic sobre la pestaña activa.

   - Pulse *Ctrl+F1*.

   - Clic sobre el botón **Opciones de presentación de la cinta de opciones** y clic en **Mostrar pestañas**.

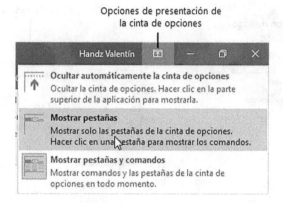

Opciones de presentación de
la cinta de opciones

Para volver a mostrar la cinta de opciones momentáneamente

1. Clic sobre la pestaña que desea utilizar, y después de hacer clic en el comando adecuado, la cinta de opciones volverá a desaparecer.

Para volver a mostrar la cinta de opciones permanentemente

1. Realice alguna de estas acciones:

   • Clic sobre alguna pestaña, y en el extremo inferior derecho, clic sobre la chincheta llamada **Anclar la cinta de opciones**.

   • Haga doble clic sobre cualquier pestaña.

   • Pulse `Ctrl+F1`.

   • Clic sobre el botón **Opciones de presentación de la cinta de opciones** y clic en **Mostrar pestañas y comandos**.

Para ocultar por completo la cinta de opciones

1. Clic sobre el botón **Opciones de presentación de la cinta de opciones** y clic en **Ocultar automáticamente la cinta de opciones**.

Trabajar con la barra de herramientas de Acceso rápido

Esta barra de herramientas se ubica al extremo izquierdo del área de título y presenta comandos básicos como *Guardar*, *Deshacer*, *Rehacer/Repetir* y *Presentación desde el principio*. Esta barra de herramientas puede ser personalizada para que pueda añadir más comandos con los que trabaje a menudo. Por ejemplo, si hace clic sobre la flecha **Personalizar barra de herramientas de acceso rápido**, se despliega un menú con varios comandos que esperan ser activados. Solo debe hacer clic sobre alguna de las opciones para que aparezca un nuevo botón en la barra de herramientas de acceso rápido.

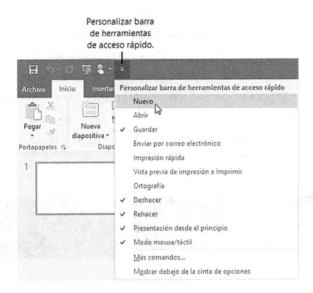

Si dentro de la lista desplegable no se encuentra el comando que necesita, una solución es usar la cinta de opciones para añadir un nuevo comando. Desde la cinta de opciones, diríjase al comando que quiera agregar a la barra de herramientas de acceso rápido y haga clic derecho, luego clic sobre la opción **Agregar a la barra de herramientas de acceso rápido**.

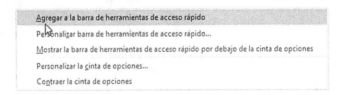

Mientras más botones haya en la barra de herramientas de acceso rápido, más espacio ocupará en el área de título. La solución más práctica es llevarla por debajo de la cinta de opciones y así tener aún más espacio para seguir agregando comandos. Haga clic en la flecha **Personalizar barra de herramientas de acceso rápido** y clic sobre la opción **Mostrar la barra de herramientas de acceso rápido por debajo de la cinta de opciones**. Si se arrepintió de la nueva posición de la barra de herramienta, repita la acción usando la opción **Mostrar encima de la cinta de opciones**.

Administrar su cuenta de Office

Para poder sacar provecho a todas las características de colaboración y servicios externos de PowerPoint, deberá iniciar sesión con una cuenta Microsoft u otra cuenta asociada. Si está utilizando servicios como Outlook.com, Skype, OneDrive, Xbox Live o Windows Phone, entonces ya tiene una cuenta Microsoft. Si es estudiante y está usando Office 365 con una cuenta *.edu*, entonces puede utilizar esa cuenta para iniciar sesión. Por otro lado, si tiene alguna dirección de correo electrónico de otro proveedor (como Gmail, Yahoo, u otros), puede registrar esa cuenta como una cuenta Microsoft.

> *Utilice la siguiente dirección para registrar o crear una nueva cuenta Microsoft: https://signup.live.com/signup.*

Para iniciar sesión y revisar el estado de su cuenta, debe acceder a la página **Cuenta** en la vista *Backstage*. La vista *Backstage* se activa al hacer clic en la pestaña **Archivo** y muestra diferentes opciones para trabajar con sus archivos o con la misma aplicación.

> *Todas las configuraciones que realice en la página Cuenta afectarán a todas las aplicaciones de Office 2016.*

En la sección *Información de usuario* puede revisar su cuenta Microsoft y los enlaces para cambiar la foto, revisar su perfil, cambiar de cuenta o cerrar sesión. En cambio, en la sección *Información de producto* puede revisar el estado de activación de Office 2016 o la suscripción a Office 365.

La sección *Servicios conectados* muestra las ubicaciones de almacenamiento online y los servicios que ha conectado a Office, como Facebook o YouTube. Tener estos servicios conectados le da a PowerPoint la opción de insertar imágenes desde su cuenta de Facebook o insertar un vídeo desde YouTube.

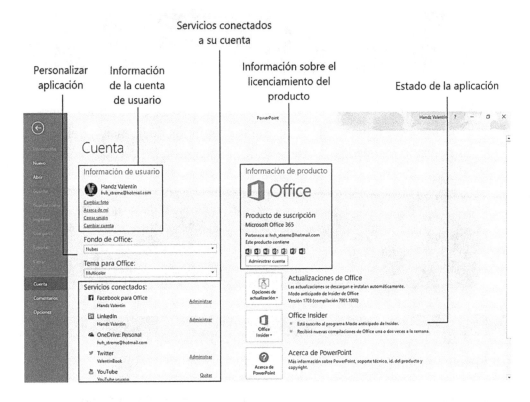

En PowerPoint existen solo dos opciones para personalizar su aplicación, los fondos y los temas. El fondo es un diseño que se muestra en la parte superior derecha de la ventana, mientras que el tema son colores para la aplicación. La siguiente imagen muestra un tema negro con un fondo marino.

> *El tema Negro solo está disponible para PowerPoint 2016 con una suscripción a Office 365.*

En la última sección, puede ver si existen nuevas actualizaciones para PowerPoint, revisar su inscripción a Office Insider, revisar los términos de licencia y verificar qué novedades han sido instaladas.

> *Office Insider es un programa donde puede recibir, antes que nadie, nuevas características de sus aplicaciones de Office 2016. Para conocer más sobre Insider, vea este enlace: https://products.office.com/es-ES/office-insider.*

Para revisar la página Cuenta

1. Realice alguna de estas acciones:

   - Haga clic en la pestaña **Archivo** y clic en la página **Cuenta**.

   - Si ya inició sesión en Office 2016, en el extremo derecho del área de título, clic en su nombre de usuario y seleccione **Configuración de la cuenta**.

Para iniciar sesión en Office 2016

1. En cualquiera de las aplicaciones o desde el mismo PowerPoint, realice alguna de estas acciones:

- Ingrese a la página **Cuenta**, y clic en el botón **Iniciar sesión**.

- En el extremo derecho del área de título, clic en el enlace **Inic. Ses**.

2. En la ventana de diálogo **Inicio de sesión**, escriba su cuenta de correo electrónico asociada a una cuenta Microsoft u Office 365 y haga clic en **Siguiente**.

La ventana Inicio de sesión intentará reconocer su cuenta asociada y luego mostrará la ventana **Escribir contraseña**.

3. Dentro de la ventana **Escribir contraseña**, ingrese su contraseña y haga clic en **Iniciar sesión**. La página **Cuenta** mostrará la información de usuario, de productos y sus servicios conectados.

Para cerrar sesión

1. Ingrese a la página **Cuenta** y haga clic en el enlace **Cerrar sesión**. Aparece el cuadro de diálogo **Quitar perfil** advirtiéndole lo que sucederá al cerrar la sesión.

2. Clic en **Sí**.

Para personalizar la ventana de la aplicación

1. Ingrese a la página **Cuenta**, y haga clic en la flecha desplegable de la etiqueta *Fondo de Office* y elija la que más le guste.

2. Haga clic en la flecha desplegable de la etiqueta *Tema para Office* y seleccione el color que más le agrade.

O

1. Clic en la pestaña **Archivo** y clic en **Opciones**. Se abre el cuadro de diálogo **Opciones de PowerPoint**.

2. En la página **General**, en la sección **Personalizar la copia de Microsoft Office**, clic en la flecha desplegable de *Fondo de Office* o *Tema de Office* y seleccione la personalización que más le agrade.

Para agregar un servicio

1. Ingrese a la página **Cuenta** y en la parte inferior de la pantalla, haga clic en **Agregar un servicio**.

2. En la lista desplegable, señale el tipo de servicio que desea agregar y luego haga clic en algún servicio.

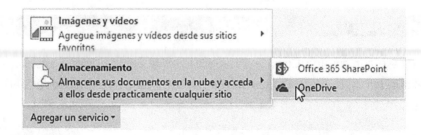

3. Siga las instrucciones del servicio que desea agregar. En algunos casos el servicio se agregará automáticamente. En caso no fuera así, será necesario iniciar sesión, como en el caso de Facebook.

Hazlo tú mismo

En este ejercicio, deberá iniciar PowerPoint 2016 y revisar su interfaz, luego deberá encontrar y conocer algunos comandos y por último personalizará la aplicación.

> *No se necesitan archivos de práctica para este ejercicio.*

1. Inicie **PowerPoint** y seleccione la plantilla **Bienvenido a PowerPoint**. Si es necesario, haga clic en el botón **Crear**.

2. Agregue el botón **Modo mouse/táctil** desde la barra de herramientas de acceso rápido.

3. Coloque la barra de herramientas de Acceso rápido debajo de la cinta de opciones.

4. En la pestaña **Transiciones**, en el grupo **Transición a esta diapositiva**, haga clic en **Empuje** de la galería de transiciones.

5. Haga clic en la pestaña **Presentación con diapositivas** y en el grupo **Configurar**, muestre el Screentip del comando **Ensayar intervalos** y vea para qué sirve este botón.

6. Active el cuadro de diálogo **Configurar presentación** sin usar ninguna pestaña en la cinta de opciones.

7. Cierre el cuadro de diálogo **Configurar presentación** y regrese la barra de herramientas a su posición inicial.

8. Cambie el fondo de Office por **Circuito** y el tema de Office a **Gris oscuro**.

9. Oculte la cinta de opciones dejando las pestañas visibles.

10. Personalice PowerPoint a su gusto. Si desea, vuelva a mostrar la cinta de opciones por completo, cambie el fondo y el tema de Office.

11. Cierre PowerPoint sin guardar los cambios.

Capítulo 2: Trabajar con Presentaciones

En este capítulo aprenderá a:

- Crear, abrir y guardar presentaciones

- Conocer el espacio de trabajo

- Trabajar con las vistas de presentación

> *Use la carpeta Capítulo2 para los ejercicios de este capítulo.*

El término común para todos los archivos creados con sus aplicaciones de Office es *documentos*. Sin embargo, a los documentos de PowerPoint se les llaman *presentaciones*. Cuando crea una nueva presentación este contiene al menos una diapositiva, pero puede añadir muchas más si lo necesita.

Al trabajar en su presentación, lo más seguro es guardarlo. Guardar su presentación le permite almacenar el archivo para su uso posterior. Puede guardar su presentación en su disco duro local, en un disco extraíble o a través de la nube de OneDrive. Cuando necesita abrir la presentación, puede hacerlo desde cualquiera de las ubicaciones y continuar trabajando.

Para que el trabajo con PowerPoint sea más fácil deberá conocer bien su espacio de trabajo y las diferentes vistas que esta tiene. Algunas vistas son más beneficiosas que otras, pero de seguro la más usada para la edición será la vista Normal.

En este capítulo aprenderá a crear, guardar y abrir presentaciones de diversas maneras. Conocerá su espacio de trabajo y cambiará diferentes vistas de presentaciones para facilitar la edición y la visualización de sus presentaciones. Por último, conocerá la diferencia entre cerrar presentaciones y salir de PowerPoint.

Crear presentaciones

A los archivos de PowerPoint se le llaman presentaciones. Puede empezar a crear una a partir de una presentación en blanco, a través de una plantilla o desde el asistente para la creación de una presentación basado en un esquema. Todas estas opciones podrán ser encontrados desde la **Pantalla Inicio** al abrir PowerPoint, o desde la página **Nuevo** en la vista *Backstage*.

Plantillas de
PowerPoint

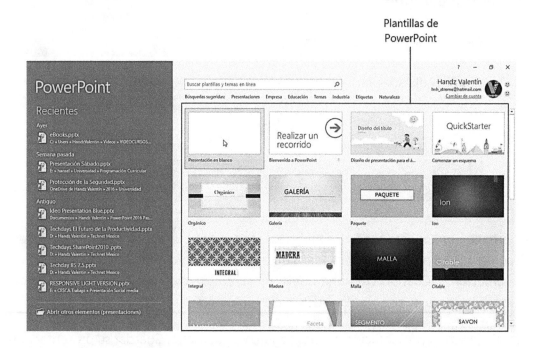

Use una presentación en blanco para dar rienda suelta a toda su creatividad. Podrá añadir más diapositivas, agregar el texto que quiera, insertar diversos tipos de objetos, aplicar formatos, elegir el diseño que más le guste y muchas cosas más. Empezar una presentación desde cero puede quitarle mucho tiempo y necesitará conocer más sobre PowerPoint para mejorar los diferentes aspectos de la presentación. Afortunadamente, todas las habilidades que necesita los encontrará en este libro.

Una manera de no empezar de cero es usar una plantilla. En PowerPoint puede encontrar una gran variedad de plantillas. Algunos son solo plantillas de diseño, esto significa que es una presentación en blanco con un color de fondo y algunos elementos extra, como las imágenes; y otros son plantillas de contenido, que no solo tienen diseño, sino también una estructura de diapositivas y sugerencias de contenido.

La lista de plantillas en PowerPoint puede variar dependiendo de su uso o de las actualizaciones que recibe la aplicación. Si dentro de la lista de plantillas no hay una que se ajusta a lo que necesita, puede usar el cuadro de búsqueda, ubicado en la parte superior de la página, y escribir una palabra clave para encontrar más plantillas, o en el mejor de los casos, hacer clic en el enlace de una categoría.

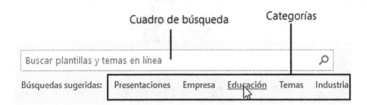

Generalmente, la mayor parte de las plantillas (incluida la presentación en blanco) llegan con una relación de aspecto de 16:9, que en PowerPoint se le conoce como tamaño de diapositiva. Una relación de aspecto de 16:9 es una diapositiva que está adaptada a las pantallas panorámicas (pantallas de PC, laptops y televisores de los últimos años). También podrá encontrar tamaños de diapositiva estándar con una relación de aspecto de 4:3 que está adaptada para las antiguas pantallas aparentemente "cuadradas". Elegir la relación de aspecto antes de comenzar a trabajar en su presentación le ahorrará muchos dolores de cabeza ya que, al hacer la conversión de un tamaño a otro, los elementos de sus diapositivas podrían quedar desordenados.

Una nueva característica de PowerPoint añadida recientemente a través de una suscripción a Office 365 es la creación de una presentación a través de un esquema. Esta nueva forma de crear una presentación nos muestra un asistente donde tendrá que realizar una búsqueda (en Microsoft Bing, por supuesto) sobre algún tema en especial y PowerPoint sugerirá y creará una estructura de temas para su presentación.

Ya sea que haya creado una presentación en blanco o a través de una plantilla, deberá guardar la presentación para poder editarla en otro momento.

Para crear una nueva presentación en blanco

1. Inicie PowerPoint y realice alguna de estas acciones:

    -   En la lista de plantillas, haga clic en la miniatura **Presentación en blanco**.

    -   Pulse la tecla *ESC*.

O

1. Con PowerPoint ya abierto, haga clic en la pestaña **Archivo**. Se muestra la vista *Backstage*.

2. Clic en la página **Nuevo**, y en la lista de plantillas, haga clic en la miniatura **Presentación en blanco**.

> *También puede pulsar la combinación de teclas Ctrl+U para crear una nueva presentación en blanco.*

Para crear una presentación a través de una plantilla

1. Desde la lista de plantillas, haga clic en la miniatura de plantilla que quiera usar. Utilice la rueda del mouse o la barra de desplazamiento para ver más plantillas.

2. En la ventana de vista previa puede realizar alguna de estas acciones:

   - Use las flechas izquierda y derecha de la etiqueta *Más imágenes* para ver algunas sugerencias de diseño de diapositivas.

   - Haga clic en las miniaturas del lado derecho para ver una variante de diseño de la plantilla.

   - Use las flechas izquierda y derecha ubicados a los extremos de la ventana de vista previa para revisar más plantillas.

   - Clic en el botón **Cerrar** para cerrar la ventana de vista previa.

3. Haga clic en el botón **Crear**. Se creará una presentación en blanco con el diseño de plantilla elegido.

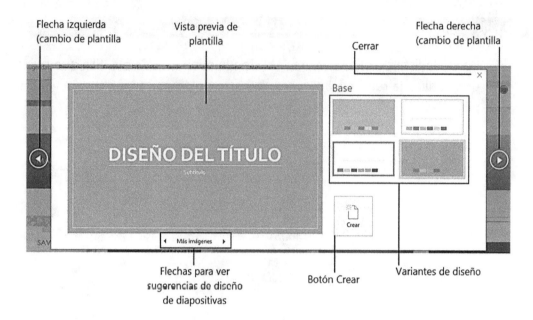

Flecha izquierda (cambio de plantilla

Vista previa de plantilla

Cerrar

Flecha derecha (cambio de plantilla

Flechas para ver sugerencias de diseño de diapositivas

Botón Crear

Variantes de diseño

O

1. En la lista de plantillas, haga doble clic sobre la plantilla que desea usar.

Para buscar más diseños de plantillas

1. En la lista de plantillas, realice alguna de estas acciones:

   - Haga clic en el cuadro **Buscar plantillas y temas en línea** y escriba una palabra clave, por ejemplo, *educación*. Luego, pulse *Enter* o clic en el icono de la lupa.

   - Debajo del cuadro **Buscar plantillas y temas en línea**, haga clic en una categoría, por ejemplo, **Empresa**.

2. Dentro de la nueva lista de plantillas buscadas, puede realizar alguna de estas acciones:

   - Use el cuadro de búsqueda para realizar una nueva búsqueda con una palabra clave diferente.

   - Haga clic en el botón **Inicio** (icono de una casa) ubicado a la izquierda del cuadro de búsqueda para regresar a la lista de plantillas principal.

- En el panel **Categoría,** ubicado a la derecha, haga clic en una o varias categorías para aplicar filtros.

- Si ya aplicó filtros en el panel **Categoría**, señale una categoría y haga clic en la **X** para desactivar el filtro.

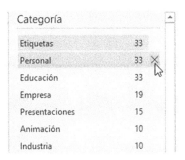

3. Haga clic en la miniatura de plantilla. Se abre la ventana de vista previa y detalles de la plantilla seleccionada.

4. Clic en el botón **Crear**. Espere unos segundos mientras la plantilla es descargada.

Para crear una presentación a partir de un esquema

1. En la lista de plantillas, clic en la miniatura **Comenzar un esquema**. Se abre la ventana de diálogo **Buscar aquí para empezar**.

2. En el cuadro de búsqueda escriba el nombre de un personaje o el tema del que quiera crear una presentación. Para este ejemplo, escriba `Oso de anteojos`.

3. Pulse `Enter` o haga clic en el botón **Buscar**. PowerPoint comenzará a buscar por toda la web la información que coincida con su término de búsqueda. Después de unos segundos se mostrará uno o varios resultados.

4. Haga clic en la miniatura que sea coincidente con su término de búsqueda. En este ejemplo, seleccione **Tremarctos ornatus**, que es el nombre científico del *Oso de anteojos*.

   La ventana de diálogo le mostrará los títulos de diapositivas más importantes teniendo en cuenta su tema de búsqueda. En nuestro ejemplo, se muestran títulos para su hábitat, alimentación, conservación, entre otros.

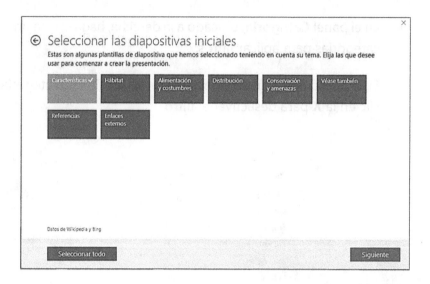

5. Haga clic en los cuadros para seleccionar los títulos de diapositivas que irán en la presentación o haga clic en el botón **Seleccionar todo** para elegir todos los títulos. Para este ejemplo, seleccione **Características**, **Hábitat**, **Alimentación y costumbres**, y **Conservación y amenazas** y haga clic en **Siguiente**.

6. Por último, haga clic en alguna miniatura para elegir el aspecto de la presentación y clic en el botón **Crear**.

Se acaba de crear una presentación con una estructura de diapositivas basado en el tema buscado.

Abrir presentaciones existentes

Si ya posee presentaciones existentes, ya sea en su disco duro local o en algún sitio en la nube, tendrá que abrirlos desde PowerPoint para poder editarlos. Las presentaciones que han sido usadas recientemente se organizan en la lista **Recientes** en la vista *Backstage*. Haga clic en el enlace de la presentación reciente para que PowerPoint lo pueda abrir. Este enlace funcionará mientras no mueva la presentación a otra carpeta.

La lista de presentaciones recientes solo muestra algunos enlaces y está en constante actualización, mientras más presentaciones sean abiertas, la lista cambiará y es posible que no encuentre la presentación que necesita. Un método más seguro es usar la página **Abrir** en la vista *Backstage*. En la página **Abrir** se muestran los lugares principales donde puede haber guardado sus presentaciones, entre ellas están: **Este PC**, **OneDrive** o algún sitio de **SharePoint**.

Haciendo clic sobre cualquiera de estos lugares se mostrarán, a la derecha, las carpetas donde ha guardado varias de sus presentaciones. Si aun así no encuentra la carpeta en esta lista, puede hacer clic en el botón **Examinar** para mostrar el cuadro de diálogo **Abrir** y navegar hasta la carpeta adecuada.

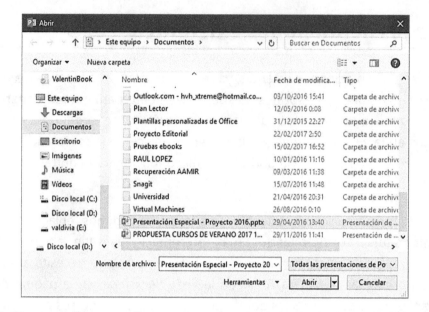

Para abrir una presentación existente desde la lista Recientes

1. Realice alguna de estas acciones:

   - Inicie PowerPoint, y en el lado izquierdo de la pantalla Inicio, haga clic en el enlace de la presentación reciente.

   - Inicie PowerPoint, y en el lado inferior izquierda de la pantalla Inicio, clic en **Abrir otros elementos**. En la página **Abrir**, en la sección **Recientes**, haga clic en la presentación que quiera abrir.

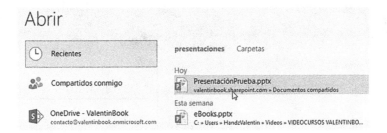

- Con PowerPoint ya abierto, clic en la pestaña **Archivo** y luego clic en la página **Abrir**. Clic en la sección **Recientes** de ser necesario, y a la derecha, haga clic en la presentación que quiera abrir.

Para abrir una presentación existente desde algún lugar de almacenamiento

1. Active la página **Abrir**, y haga clic en alguna de estas opciones:

   - **Este PC:** Muestra las carpetas de su disco duro local.

   - **OneDrive personal:** Muestra las carpetas de su almacenamiento en nube personal conocido como OneDrive.

   - **OneDrive o sitio de SharePoint:** Muestra las carpetas de su almacenamiento OneDrive o su biblioteca de documentos de SharePoint que puede estar asociada a una suscripción Office 365 empresarial.

   - **Compartidos conmigo:** Muestra las presentaciones que han sido compartidas con usted.

> *También puede pulsar Ctrl+A para activar la página Abrir.*

2. Al lado derecho, navegue por las carpetas hasta encontrar su presentación.

3. Haga clic en la presentación para abrirla.

Para abrir una presentación existente desde el cuadro de diálogo Abrir

1. Active la página **Abrir** y clic en la opción **Examinar**. Se abre el cuadro de diálogo **Abrir**.

2. Navegue por la lista de carpetas hasta encontrar la presentación que quiera abrir.

3. Seleccione la presentación y haga clic en el botón **Abrir**.

Para abrir una presentación existente desde el Explorador de archivos

1. Abrir el *Explorador de archivos* y navegue a través de la lista de carpetas hasta encontrar la presentación que quiera abrir.

2. A continuación, realice alguna de estas acciones:

   • Haga doble clic sobre el archivo.

   • Pulse clic derecho sobre el archivo y seleccione **Abrir**.

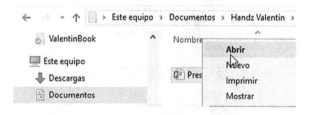

Conocer el espacio de trabajo

Ya sea que haya creado una presentación desde cero o haya abierto una existente, el contenido se mostrará en la pantalla principal de PowerPoint 2016. Todo lo que quiera añadir a su presentación tendrá que hacerlo a través de una o varias diapositivas.

La pantalla principal muestra una diapositiva a tamaño grande y un panel de navegación donde se organizan todas las diapositivas que hay en la presentación. La diapositiva de tamaño grande es la diapositiva actual y es conocida como el área de trabajo.

El panel de navegación muestra una lista numerada de diapositivas para saber el orden en el que aparecerán en una presentación a pantalla completa. Para seleccionar una y convertirla en la diapositiva actual, solo debe hacer clic en la miniatura de la diapositiva, de esta manera podrá editar una por una para ajustarla a sus necesidades.

> *Al extremo izquierdo de la barra de estado se muestra el número de la diapositiva seleccionada y el número total de diapositivas en la presentación.*

Mientras la diapositiva actual esté ajustada a la ventana (veremos este tema más adelante en este capítulo) puede usar la barra de desplazamiento para avanzar o retroceder por las diferentes diapositivas. Si se ha aumentado el zoom, la barra de desplazamiento ayudará a desplazarte por la diapositiva actual. Una alternativa para avanzar y retroceder por las diapositivas mientras haya un zoom aumentado, es usar los botones **Diapositiva anterior** o **Diapositiva siguiente**, ubicados en la parte inferior de la barra de desplazamiento.

La próxima vez que abra una presentación guardada se mostrará una etiqueta en la barra de desplazamiento. Esta etiqueta le indica en qué diapositiva se quedó por última vez y si hace clic sobre la etiqueta irá directamente a esa diapositiva.

Para seleccionar una diapositiva

1. En el panel de navegación, haga clic en la miniatura de diapositiva.

Para avanzar o retroceder por las diapositivas

1. Realice alguna de estas acciones:

   - Si no ha aplicado un aumento de zoom, clic en los botones **Arriba** o **Abajo** de la barra de desplazamiento.

   - Al final de la barra de desplazamiento vertical, haga clic en los botones **Diapositiva siguiente** o **Diapositiva anterior**.

Trabajar con las vistas de presentación

En PowerPoint hay varias vistas de presentación y cada una de ellas tiene un propósito. La vista **Normal** es la que se usa comúnmente para editar una diapositiva, ya que desde esta vista puede seleccionar diapositivas, añadir textos, insertar elementos gráficos, mover elementos, añadir notas para el orador, y mucho más.

La vista **Normal** se divide en tres partes: el panel de navegación, el panel de notas y el panel de diapositiva. El panel de notas es el único que no se muestra por defecto.

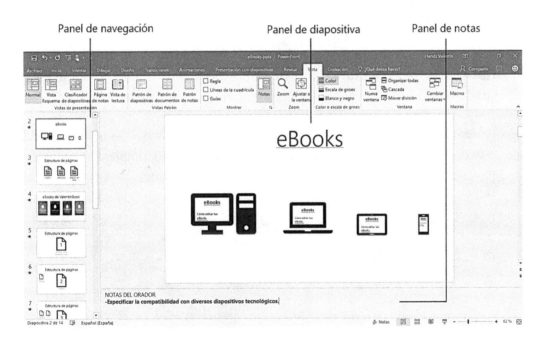

La vista **Esquema** es prácticamente igual que la vista Normal, solo que el panel de navegación cambia por el **Panel esquema**. El Panel esquema no presenta miniaturas, en su lugar, muestra solo el título o subtítulo de una diapositiva.

Panel esquema

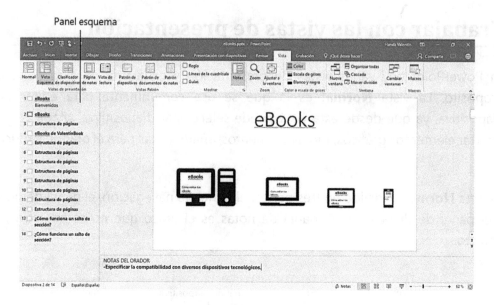

Además de estas vistas, también están la vista **Clasificador de diapositivas**, **Página de notas** y la **Vista de lectura**. Cada una de estas vistas está especializada para diferentes necesidades como las que se describen a continuación:

- **Clasificador de diapositiva:** Muestra las diapositivas en un tamaño más pequeño, ideal para intercambiar la posición de sus diapositivas y aplicar transiciones. En esta vista no podrá editar el contenido.

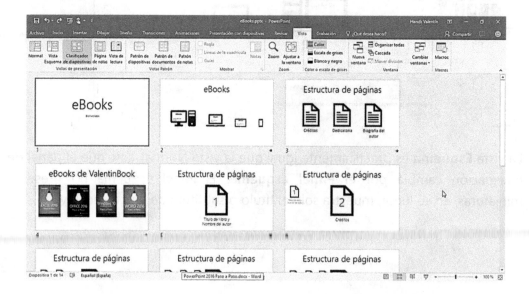

- **Página de notas:** Muestra una página que incluye una miniatura de diapositiva y un espacio para añadir texto y otros elementos gráficos que sirven como ayuda para el expositor. El panel de notas en la vista Normal no permite añadir elementos gráficos.

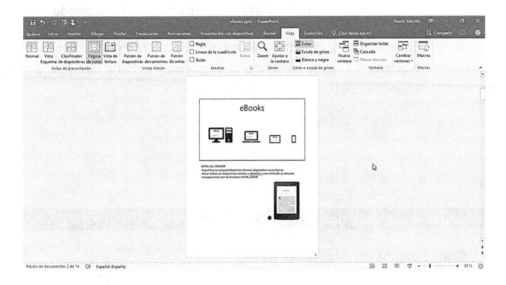

- **Vista de lectura:** Muestra la diapositiva ocupando casi toda la pantalla y quitando elementos distractores (como la cinta de opciones o paneles) ideal para la lectura del contenido.

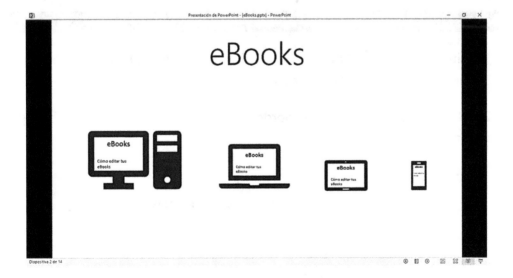

Para intercambiar entre la vista Normal y Esquema

1. Realice alguna de estas acciones:

   - Clic en la pestaña **Vista**, y dentro del grupo **Vistas de presentación**, haga clic en **Normal** o **Vista Esquema** según corresponda.

   - En el extremo derecho de la barra de estado, clic sobre el botón **Normal**. La vista cambiará a **Esquema**, si hace clic nuevamente sobre ese botón, cambiará a **Normal**.

Botón Normal

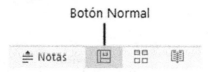

Para mostrar el panel de notas

1. Realice alguna de estas acciones:

   - Estando en la vista **Normal** o **Esquema**, al extremo derecho de la barra de estado, clic en el botón **Notas**.

   - Clic en la pestaña **Vista**, y en el grupo **Mostrar**, clic en **Notas**.

Para ajustar el tamaño del panel de notas

1. Sitúe el puntero del mouse sobre el borde superior del panel de notas hasta que el puntero cambie por dos flechas.

2. Haga clic sin soltar sobre el borde y arrastre hacia arriba o hacia abajo para ampliar o reducir el panel.

Puntero del mouse sobre el
borde del panel de notas

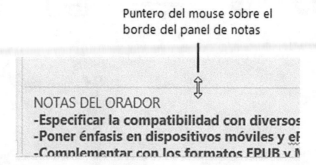

Para ajustar el tamaño del panel de navegación o esquema

1. Sitúe el puntero del mouse sobre el borde derecho del panel de navegación o esquema, hasta que el puntero cambie por dos flechas.

2. Haga clic sin soltar sobre el borde y arrastre hacia la izquierda o hacia la derecha para ampliar o reducir el panel. Al reducir por completo, el panel se convertirá en un botón.

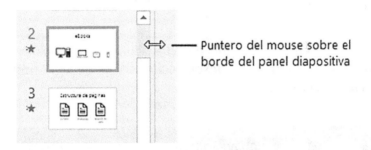

Puntero del mouse sobre el borde del panel diapositiva

Si reduce el tamaño del panel de navegación, las miniaturas se vuelven más pequeñas y se mostrarán más diapositivas.

Para mostrar el panel de navegación o esquema después de estar oculto

1. En el lado derecho de la pantalla, clic sobre el botón **Miniaturas** o **Esquema**, según corresponda.

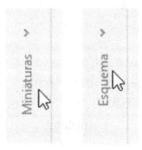

Para cambiar las vistas de presentación

1. Realice alguna de estas acciones:

- Clic en la pestaña **Vista**, y en el grupo **Vistas de presentación**, clic en **Clasificador de diapositivas**, **Página de notas** o **Vista de lectura**.

- En la barra de estado, clic sobre el botón **Clasificador de diapositivas** o **Vista de lectura**. No hay un botón para la vista **Página de notas**.

Ejercicio Paso a Paso

En este ejercicio aprenderá a cambiar entre diferentes vistas de presentación, trabajará con la vista clasificador de diapositivas y página de notas y finalizará utilizando la vista de lectura.

> *Abrir la presentación PresentaciónDCN.pptx.*

1. La presentación abierta muestra por defecto la vista **Normal**. Desde el panel de navegación, clic sobre la diapositiva 2.

   El panel de diapositiva (área de trabajo) muestra la diapositiva 2 como la diapositiva actual.

2. En la barra de estado, clic sobre el botón **Notas**.

   Debajo de la diapositiva actual aparece un panel horizontal conocido como el Panel de notas. Este panel muestra información relevante para el orador.

3. Lleve el puntero del mouse sobre el borde superior del panel de notas hasta que el puntero cambie por dos flechas. Haga clic sin soltar y arrastre lentamente hacia arriba para aumentar el tamaño del panel de notas hasta que se muestre el texto por completo.

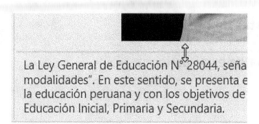

La Ley General de Educación N° 28044, seña
modalidades". En este sentido, se presenta e
la educación peruana y con los objetivos de
Educación Inicial, Primaria y Secundaria.

4. Desde el panel de navegación, clic sobre la diapositiva 5.

   Revise el extremo izquierdo de la barra de estado para saber qué número de diapositiva tiene seleccionado y cuántas hay. Debería mostrar *Diapositiva 5 de 8*.

5. A continuación, añadirá una nota. Clic sobre el panel de notas y escriba: `Desarrollar con ejemplos prácticos los objetivos para la educación básica.`

6. Haga clic en la pestaña **Vista**, y desde el grupo **Vistas de presentación**, clic sobre **Vista Esquema.**

7. Desde el panel Esquema, clic sobre la diapositiva 8 (que es una diapositiva en blanco) y escriba: `Planes de estudio.`

   Acaba de añadir un título a su diapositiva.

8. Desde la pestaña **Vista**, en el grupo **Vistas de presentación**, clic sobre **Clasificador de diapositivas**.

9. Clic sin soltar sobre la diapositiva 7 y mediante un arrastre, posiciónelo después de la diapositiva 2.

   Acaba de reorganizar sus diapositivas de una manera sencilla.

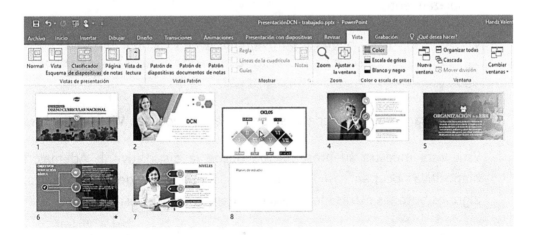

10. Seleccione la diapositiva 6, y manteniendo pulsada la tecla `Mayús` (`Shift`), haga clic sobre la diapositiva 8.

Con esta acción, ha seleccionado tres diapositivas a la vez.

11. Clic sin soltar sobre cualquiera de las diapositivas seleccionadas, y mediante un arrastre, posiciónelos después de la diapositiva 4.

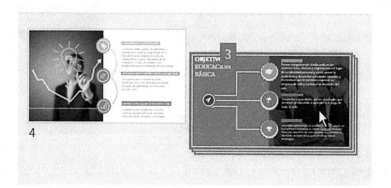

12. Seleccione la diapositiva 2 y desde el grupo **Vistas de presentación**, clic en **Página de notas**.

Se muestra una página con la diapositiva 2 en miniatura y un cuadro de texto en la parte inferior.

13. Vamos a añadir un texto como notas en la diapositiva 4. Clic sobre el botón **Diapositiva siguiente** dos veces.

Recuerde que este botón se encuentra debajo de la barra de desplazamiento.

14. Clic sobre el cuadro *Haga clic para agregar texto* y escriba: `Fundamento de la EBR. Invitar al estrado al especialista Gerardo del Valle.`

15. Para revisar cómo ha quedado su presentación, active la **Vista de lectura**.

Esta vista muestra su presentación desde la diapositiva 1. Además, las diapositivas ocupan casi toda la pantalla y la barra de estado muestra algunos botones extras ideal para navegar por las diapositivas.

16. En la barra de estado, clic en el botón **Siguiente** las veces que sea necesario para ir avanzando entre las diapositivas.

Quédese en la diapositiva 6.

17. Clic sobre el botón **Menú**, señale **Ir a la diapositiva** y clic en **Diapositiva 3**.

    De esta manera acaba de dirigirse a la diapositiva 3 directamente.

18. Pulse la tecla *Esc* para salir de la vista de lectura y luego, active nuevamente la vista **Normal**.

19. Cierre su presentación sin guardar los cambios.

Trabajar con la vista Presentación con diapositivas

Cuando llega el momento de hacer una presentación en vivo frente a un auditorio o ante la mesa directiva de una empresa, deberá utilizar la **Vista de presentación con diapositivas**.

Esta vista muestra su presentación a pantalla completa libre de elementos distractores para la audiencia. Puede activar esta vista desde el principio de la presentación o desde la diapositiva actual. Si mueve ligeramente el mouse aparece una pequeña barra de herramientas en la parte inferior de la pantalla para que pueda manipular algunos aspectos de navegación en la presentación.

La forma más sencilla de ir avanzando o retrocediendo por las diversas diapositivas es pulsando las teclas *Enter* o *Retroceso* (*backspace*) respectivamente. Una mejor opción sería adquirir un dispositivo de mano conocido como **Presentador multimedia**. Este dispositivo tiene la apariencia de un control remoto y posee algunos controles de navegación y otras características, como un puntero láser.

> *Cuando existen animaciones en los objetos que están en una diapositiva y no están configurados para que aparezcan automáticamente, el pulsar Enter no avanzará a la siguiente diapositiva, sino mostrará las animaciones una por una. Aprenderá más sobre este comportamiento más adelante en este capítulo.*

Si el equipo ha sido conectado a un proyector multimedia o a una segunda pantalla es posible que tenga diferentes vistas mientras usa la vista presentación con diapositivas. En la pantalla principal (la que ve usted) puede tener una vista conocida como **Moderador** y en la otra pantalla (la que ve el público) puede estar la vista presentación con diapositivas.

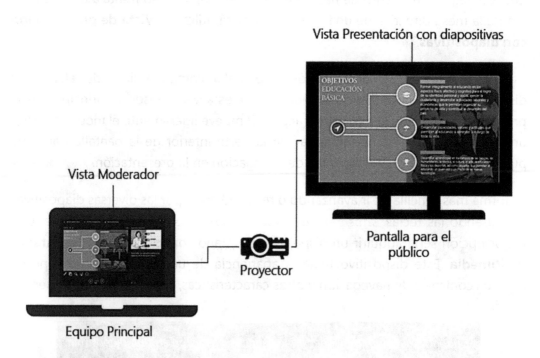

La vista **Moderador** presenta una interfaz adaptada para el orador donde puede ver la diapositiva que actualmente se está mostrando al público, ver la siguiente diapositiva, revisar las notas del orador, verificar el temporizador, entre otras herramientas.

> *También puede revisar la vista Moderador estando en una sola pantalla.*

Para activar la vista Presentación con diapositivas desde el principio

1. Realice alguna de estas acciones:

   - Clic en la pestaña **Presentación con diapositivas**, y en el grupo **Iniciar presentación con diapositivas**, clic en **Desde el principio**.

   - En la Barra de herramientas de acceso rápido, clic en el botón **Presentación desde el principio**.

   - Pulse *F5*.

Para activar la vista Presentación con diapositivas desde la diapositiva actual

1. Realice alguna de estas acciones:

   - Clic en la pestaña **Presentación con diapositivas**, y en el grupo **Iniciar presentación con diapositivas**, clic en **Desde la diapositiva actual**.

   - En la Barra de estado, clic en el botón **Presentación con diapositivas**.

   - Pulse *Mayús (Shift)+F5*.

Para navegar entre diapositivas en la vista Presentación

1. Mueva el mouse para activar la barra de herramientas en la parte inferior de la pantalla.

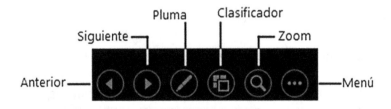

2. Realice las siguientes acciones para avanzar y retroceder diapositivas.

- Para avanzar, haga clic en el botón **Siguiente** o pulse las teclas: *Enter*, *S*, *flecha derecha*, *flecha abajo* o *Av Pág*.

- Para retroceder, haga clic en el botón **Anterior** o pulse las teclas: *Retroceso*, *A*, *flecha izquierda*, *flecha arriba* o *Re Pág*.

- Para ir a la última diapositiva pulse la tecla *Fin*.

- Para ir a la primera diapositiva pulse la tecla *Inicio*.

- Para elegir una determinada diapositiva, haga clic en el botón **Clasificador** y clic en la diapositiva que necesite.

Para salir de la vista presentación con diapositivas

1. Realice alguna de estas acciones:

   - Pulse la tecla *Esc*.

   - Diríjase hasta la última diapositiva y avance una más hasta que aparezca una pantalla de color negro con el texto **Fin de la presentación, haga clic para salir**. Entonces, haga clic o pulse *Enter*.

   Fin de la presentación, haga clic para salir.

   - Active la barra de herramientas de la vista presentación con diapositivas y haga clic en el botón **Menú**. Luego, clic en **Finalizar la presentación**.

Para ver la vista Moderador en una sola pantalla

1. Realice alguna de estas acciones:

   - Estando en la pantalla principal, pulse *Alt+F5*.

   - Estando en la vista presentación con diapositivas, clic en el botón **Menú** y clic en **Mostrar vista Moderador**.

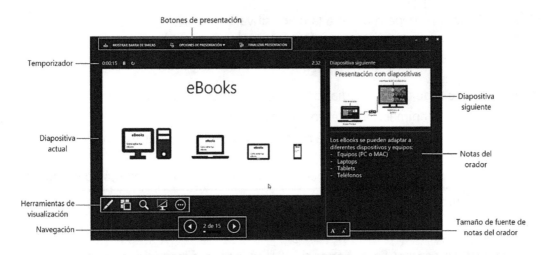

1. Clic en la pestaña **Presentación con diapositivas**, y en el grupo **Monitores**, active la casilla **Usar vista Moderador**.

2. Haga clic en la flecha desplegable del cuadro **Supervisar** y elija qué monitor mostrará la vista para el público (vista Presentación con diapositivas).

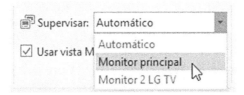

Ejercicio Paso a Paso

En este ejercicio aprenderá a visualizar sus diapositivas en la vista presentación, dará un vistazo a la vista Moderador y concluirá la presentación.

> *Abrir la presentación PantallaCompleta.pptx.*

1. Para ver la vista presentación desde el principio, pulse *F5*.

2. Pulse la tecla *Enter* para pasar a la diapositiva 2.

3. Pulse *Enter* para pasar a la diapositiva 3.

4. Pulse *Enter* nuevamente.

    En lugar de pasar a la diapositiva 4, se muestra una animación. Esto se debe a que la animación está configurada para que se muestre manualmente. Vuelva a pulsar *Enter* y se mostrará una segunda animación.

    Como ya no hay más animaciones, pulse *Enter* una vez más para pasar a la diapositiva 4.

5. Siga pulsando *Enter* y deténgase en cada nueva diapositiva para darle un vistazo general. En la diapositiva 5 y en la última diapositiva hay animaciones que se muestran automáticamente.

6. Si llegó al final de la presentación, pulse *Enter* para salir de la pantalla completa.

7. Desde el panel de navegación, seleccione la diapositiva 5 y luego pulse la combinación de teclas *Mayús(Shift)+F5*.

    Se muestra la presentación a pantalla completa desde la diapositiva 5.

8. Mueva ligeramente el mouse y en la parte inferior izquierda de la pantalla se mostrará la barra de herramientas de la presentación.

9. Haga clic en el botón **Clasificador** y clic en la diapositiva 2.

10. Ahora dará un vistazo a la vista Moderador. Clic en el botón **Menú** y seleccione **Mostrar vista Moderador**.

    Ahora puede ver su diapositiva actual (diapositiva 2), a la derecha se muestra la siguiente diapositiva (diapositiva 3) y se puede revisar el contenido del panel de notas.

    Esta misma vista es la que verás cuando configuras y conectas dos pantallas. La vista **Moderador** ayuda a tener una visión clara de su presentación y recordar información importante.

11. En la parte inferior, haga clic en la flecha derecha para pasar a la diapositiva 3.

    La diapositiva 3 es la actual y a la derecha se sigue mostrando la miniatura de la diapositiva 3 pero con una diferencia, esta muestra la animación que aparecerá si hace clic en la flecha derecha.

    Haga clic en la flecha derecha para ver la primera animación. La miniatura a la derecha mostrará la segunda animación.

12. Clic en el botón **Menú** y clic en **Ocultar vista Moderador**.

    Acaba de regresar a la vista a pantalla completa.

13. Para salir por completo de la vista a pantalla completa pulse `Esc`.

14. Cierre su presentación sin guardar los cambios.

Usar las herramientas Zoom

A veces, es necesario acercar o alejar la vista de su diapositiva actual. Por ejemplo, si ha insertado un objeto pequeño y necesita editarlo, puede usar el Zoom para acercarse lo más que pueda y evitar esforzar su vista.

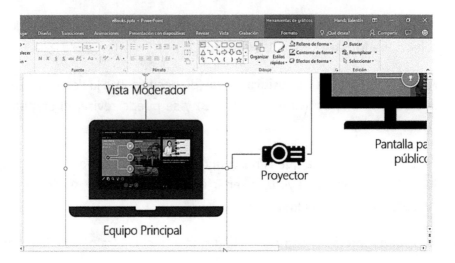

El extremo derecho de su barra de estado muestra la barra de herramientas Zoom. Esta barra de herramientas tiene un deslizador de zoom para aumentar o disminuir el zoom de la diapositiva actual. También puede hacer clic en el botón **Menos** (-) o **Más** (+) para realizar la misma acción.

Cada vez que utiliza el deslizador de zoom verá cómo cambia el botón **Nivel de zoom**. Este botón muestra el porcentaje de zoom aplicado y al hacer clic sobre él se abrirá el cuadro de diálogo **Zoom**.

Ya sea que haya utilizado el zoom para acercarse o alejarse, puede utilizar el botón **Ajustar diapositiva a la ventana actual** para regresar la diapositiva a su tamaño normal. Tenga en cuenta que este tamaño normal está basado en el tamaño de la ventana de PowerPoint.

> *Además de la barra de herramientas Zoom puede usar los botones del grupo Zoom en la pestaña Vista.*

Para acercar o alejar la vista de diapositiva

1. Realice alguna de las siguientes acciones:

- En la **Barra de herramientas zoom**, clic en el botón **Más** (+) para acercarse o **Menos** (-) para alejarse de la vista de diapositiva.

- En la **Barra de herramientas zoom**, mueva el deslizador a la derecha o izquierda para acercarse o alejarse respectivamente de la vista de diapositiva.

Para aplicar un porcentaje de Zoom

1. Active el cuadro de diálogo **Zoom** realizando alguna de estas acciones:

   - En la **Barra de herramientas zoom**, clic en el botón **Nivel de zoom**.

   - En la pestaña **Vista**, dentro del grupo **Zoom**, clic en **Zoom**.

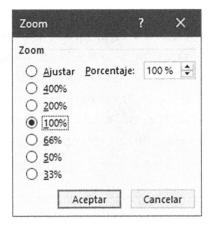

2. Dentro del cuadro de diálogo **Zoom**, puede realizar las siguientes acciones:

   - Elegir alguna de las opciones de zoom predefinidas.

   - Usar el cuadro **Porcentaje** para añadir el porcentaje que requiere. Los porcentajes van desde 10% hasta 400%.

   - Use la opción **Ajustar** para que la diapositiva se ajuste a la ventana actual.

   - Haga clic en **Aceptar** para aplicar los cambios.

   - Haga clic en **Cancelar** o en el botón **Cerrar** (**X**) para cerrar el cuadro de diálogo.

Para ajustar la diapositiva a la ventana actual

1. Realice alguna de estas acciones:

    - En la **Barra de herramientas zoom**, clic en **Ajustar diapositiva a la ventana actual**.

    - En la pestaña **Vista**, en el grupo **Zoom**, clic en **Ajustar a la ventana**.

    - Active el cuadro de diálogo **Zoom**, seleccione **Ajustar** y clic en **Aceptar**.

Guardar presentaciones

Siempre que haya trabajado lo suficiente para no querer volver a hacerlo, es un buen momento para guardar su presentación. La primera vez que va a guardar, utilizando el método que sea, siempre lo deberá hacer desde la página **Guardar como**. Esto se debe a que necesita elegir la carpeta dónde guardar, el nombre del archivo y el formato del mismo. La carpeta donde guardará su presentación es una ubicación en su disco duro local o en la nube (OneDrive o SharePoint). Si decide guardar en la nube, podrá compartir la presentación con otros usuarios y trabajar en simultáneo.

Una vez guardada su presentación, podrá seguir trabajando y realizando todos los cambios que quiera. Para guardar esos cambios, no necesita repetir todo el proceso, basta con hacer clic en el botón **Guardar** o pulsar *Ctrl+G*.

Para guardar por primera vez

1. Ingrese a la página **Guardar como** realizando alguna de estas acciones:

    - En la Barra de herramientas de acceso rápido, clic sobre el botón **Guardar**.

    - Clic en la pestaña **Archivo** y clic en **Guardar**.

    - Clic en la pestaña **Archivo** y clic en **Guardar como**.

    - Pulse *Ctrl+G*.

2. Dentro de la página **Guardar como**, seleccione una ubicación de almacenamiento:

- **Este PC:** Muestra las carpetas de su disco duro local.

- **OneDrive personal:** Muestra las carpetas de su almacenamiento en nube personal conocido como OneDrive.

- **OneDrive o sitio de SharePoint:** Muestra las carpetas de su almacenamiento OneDrive o su biblioteca de documentos de SharePoint que puede estar asociada a una suscripción Office 365 empresarial.

> *La opción Recientes muestra las carpetas que han sido usadas recientemente para guardar sus presentaciones. Si hace clic sobre cualquier carpeta a la derecha, se abrirá el cuadro de diálogo Guardar como.*

3. Al lado derecho, navegue a través de las carpetas y seleccione la que necesita para guardar su presentación.

4. En la parte superior de su lista de carpetas realice alguna de estas acciones:

- Use el cuadro **Escriba aquí el nombre de archivo** para escribir el nombre con el que guardará su presentación.

- Por defecto, está seleccionado el formato **Presentación de PowerPoint (*.pptx)**. Haga clic en la flecha para seleccionar otro formato.

- Haga clic en el botón **Subir nivel de carpeta** para ir a la carpeta superior en su nivel jerárquico de carpetas. Por ejemplo, si está dentro de la ruta *Documetos/Presentaciones/Marzo*, hacer clic sobre el botón **Subir nivel de carpeta** subirá a la carpeta **Presentaciones**, y luego a **Documentos**.

- Haga clic en el enlace **Más opciones** para abrir el cuadro de diálogo **Guardar como**.

- Clic en **Guardar** para almacenar su presentación en la ubicación seleccionada.

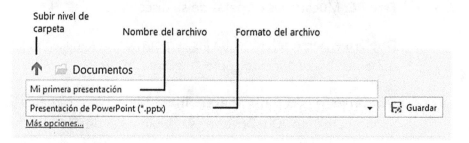

O

1. Active la página **Guardar como**, y luego abrir el cuadro de diálogo **Guardar como** siguiendo alguna de estas acciones:

   - Clic en el botón **Examinar**.

   - En la parte superior de su lista de carpetas, clic en el enlace **Más opciones**.

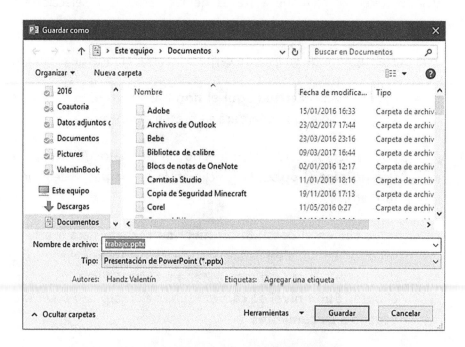

2. Dentro del cuadro de diálogo **Guardar como**, realice alguna de estas acciones:

- Navegue hasta la carpeta donde quiera guardar su presentación.

- En el cuadro **Nombre de archivo**, escriba un nombre para su presentación.

- En el cuadro **Tipo**, seleccione el formato para su presentación.

- Clic en el botón **Guardar** para completar el proceso.

Para guardar los cambios en la presentación

1. Realice alguna de estas acciones:

   - En la **Barra de herramientas de acceso rápido**, clic en el botón **Guardar**.

   - Clic en la pestaña **Archivo** y clic en **Guardar**.

   - Pulse *Ctrl+G*.

Guardar una presentación con compatibilidad

Además de la ubicación y el nombre del archivo, también debe elegir un formato. A los archivos de PowerPoint se le conocen como Presentaciones, y tienen una extensión .PPTX. La extensión PPTX apareció por primera vez con PowerPoint 2007 sustituyendo a la antigua extensión PPT. Este cambio tiene varias ventajas, una de ellas es que los archivos son un 75% más pequeños que la extensión PPT. La siguiente tabla presenta algunas extensiones que puede utilizar para guardar sus presentaciones:

Formato	Extensión de archivo	Descripción
Presentación de PowerPoint	.pptx	Es el formato por defecto. Pueden ser abiertos a partir de PowerPoint 2007 en adelante.
Presentación de PowerPoint habilitada para macros	.pptm	Es casi igual a .pptx excepto que permite usar macros.

Presentación de PowerPoint 97-2003	.ppt	Un formato compatible con versiones anteriores. Puede ser abierto en PowerPoint 97, 2000, 2002 (XP) y 2003.
Presentación con diapositivas de PowerPoint	.ppsx	Igual que un archivo .pptx, excepto que este se abre automáticamente en la vista presentación con diapositivas. Ideal para distribuir presentaciones a la audiencia.
PDF	.pdf	Produce archivos en formato PDF, ideal para imprimir ya que mantiene la estructura. Necesitará una aplicación como Adobe Reader para ver el archivo.

Si bien una extensión .PPT es ideal para compartir sus presentaciones con usuarios que tienen una versión anterior a PowerPoint 2007, debe tener en cuenta que algunas características aplicadas, como animaciones o transiciones de PowerPoint 2016, pueden no mostrarse en este tipo de archivos. Para evitar sorpresas de perdida de características en versiones antiguas de PowerPoint, puede utilizar la herramienta de comprobación de compatibilidad. El cuadro de diálogo **Comprobación de compatibilidad** muestra un resumen de las características que no admiten las versiones anteriores de PowerPoint.

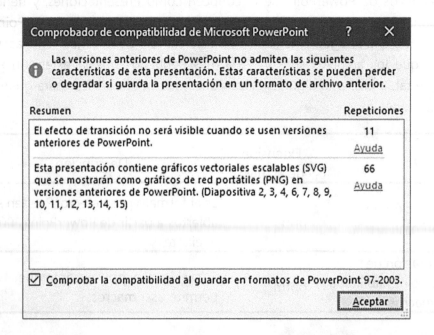

Si por el contrario, usted tiene presentaciones con una extensión PPT que desea abrir en PowerPoint 2016, podrá hacerlo sin ningún problema. El área de título incluirá la etiqueta **[Modo de compatibilidad]** lo cual indica que algunas características nuevas han sido deshabilitadas.

eBooks.ppt [Modo de compatibilidad] - PowerPoint

Para guardar una presentación con formato compatible para versiones anteriores

1. Clic en la pestaña **Archivo** y clic en la página **Exportar**.

2. Dentro de la página **Exportar**, clic en **Cambiar el tipo de archivo**.

3. En la lista **Cambiar el tipo de archivo**, seleccione **Presentación de PowerPoint 97-2003 (*.ppt)**.

4. Clic en **Guardar como**. Se abre el cuadro de diálogo **Guardar como**.

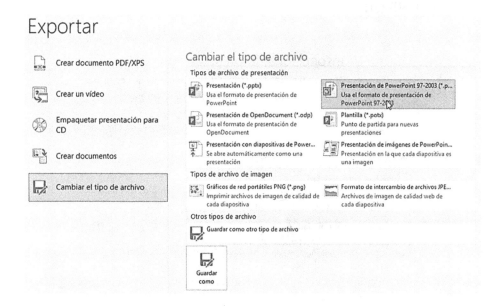

5. Dentro del cuadro de diálogo **Guardar como** elija una carpeta y escriba el nombre para su archivo y luego clic en el botón **Guardar**.

O

1. Active el cuadro de diálogo **Guardar como**.

2. Elija una carpeta y escriba el nombre para su archivo.

3. En el cuadro **Tipo**, seleccione **Presentación de PowerPoint 97-2003 (*.ppt)**.

4. Clic en **Guardar**.

> *Es posible que al guardar en un formato compatible aparezca el cuadro de diálogo Comprobador de compatibilidad para mostrar un resumen de las características que serán removidas o cambiadas.*

Para revisar la compatibilidad de la presentación

1. Clic en la pestaña **Archivo** y seleccione la página **Información**.

2. Clic sobre el botón **Comprobar si hay problemas** y seleccione **Comprobar compatibilidad**.

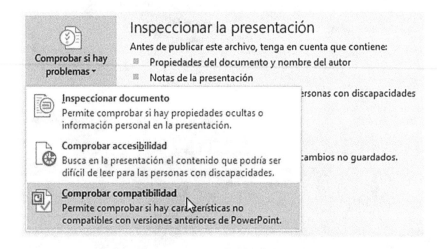

3. Revise el resumen que muestra el cuadro de diálogo **Comprobador de compatibilidad** y haga clic en **Aceptar**.

Si desea evitar comprobar la compatibilidad cada vez que guarda un documento con extensión PPT, desactive la casilla **Comprobar la compatibilidad al guardar en formatos de PowerPoint 97-2003**.

Para convertir una presentación a la versión más reciente

1. Abrir su presentación compatible (con extensión PPT). El área de título mostrará la etiqueta **[Modo de compatibilidad]**.

2. Clic en la pestaña **Archivo**, y en la página **Información**, clic en **Convertir**. Se abrirá el cuadro de diálogo **Guardar como**. Verifique que el tipo de archivo sea **Presentación de PowerPoint**.

3. Clic en el botón **Guardar**. La etiqueta **[Modo de compatibilidad]** desaparece.

Cerrar presentaciones y salir de PowerPoint

Cerrar y salir no son lo mismo. Cuando abre una o varias presentaciones, cada uno de ellos se abre en su respectiva ventana de PowerPoint.

Si solo hay una presentación abierta, al hacer clic en la pestaña **Archivo** y luego clic en **Cerrar**, es la presentación la que se cierra, mientras que PowerPoint sigue abierto. Por lo contrario, al hacer clic en el botón **Cerrar** (**X**), ubicado al extremo derecho del área de título, usted saldrá de PowerPoint y cerrará la presentación abierta.

Si no ha guardado la presentación, aparecerá un mensaje indicando si desea guardar el archivo. Haga clic en **Sí** para empezar el proceso de guardado.

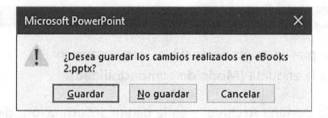

Para cerrar una presentación y salir de PowerPoint

1. Realice alguna de estas acciones:

   - Para cerrar una presentación, haga clic en la pestaña **Archivo** y clic en **Cerrar**.

   - Para cerrar una presentación pulse `Ctrl+F4`.

   - Para salir de PowerPoint, haga clic en el botón **Cerrar** (**X**) ubicado al extremo derecho del Área de título.

   - Para salir de PowerPoint pulse `Alt+F4`.

   - Para cerrar todas las instancias de PowerPoint a la vez, clic derecho sobre el botón de PowerPoint en la **Barra de tareas** y clic sobre **Cerrar todas las ventanas**.

   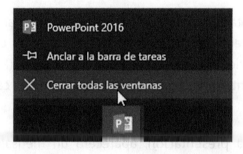

Capítulo 3: Trabajar y Organizar Diapositivas

En este capítulo aprenderá a:

- Trabajar correctamente con sus diapositivas

- Reutilizar, importar y ocultar diapositivas

- Organizar diapositivas en secciones

- Aplicar temas y fondos a sus diapositivas

> *Use la carpeta Capítulo3 para los ejercicios de este capítulo.*

Cuando crea una nueva presentación, también se crea una nueva diapositiva con un diseño llamado **Diapositiva de Título**. Las próximas diapositivas que añada pueden tener diferentes diseños, cada uno de ellos presenta al menos un marcador de posición. Los marcadores de posición son la base para cualquier contenido.

Las diapositivas insertadas por defecto presentan un fondo blanco, sin embargo, puede añadir un fondo de otro color o incluso cambiar un tema para que estas se puedan ver mucho mejor.

Cuando hay demasiadas diapositivas en una presentación, puede optar por crear secciones. Al dividir en secciones, las diapositivas se agrupan permitiéndole controlar y organizar fácilmente su presentación.

En este capítulo aprenderá a trabajar con sus diapositivas y podrá dividirlas en secciones para organizar su presentación. Por último, podrá aplicar un tema y un fondo al diseño de diapositiva.

Empezar a trabajar con las diapositivas

Cada vez que crea una nueva presentación también se crea al menos una diapositiva. Como ya se explicó anteriormente, una diapositiva es el lugar donde podrá añadir toda la información necesaria que mostrará a su audiencia. Esta información pueden ser textos, imágenes, gráficos, diagramas, tablas, audios o vídeos.

Toda diapositiva que se añada a la presentación tendrá un diseño. Por defecto, la primera diapositiva tiene el diseño llamado **Diapositiva de título**. A partir de la segunda diapositiva, se añadirá por defecto el diseño llamado **Título y objeto**. Al hacer clic sobre la flecha del botón **Nueva diapositiva** puede ver varios diseños de diapositiva y cada uno de ellos tiene un nombre que le sugiere qué hacer. Por ejemplo, el diseño **Diapositiva de título** es ideal para añadir y resaltar un título, que podría ser el título principal de la presentación. Sin embargo, puede hacer caso omiso a la sugerencia y añadir lo que crea conveniente.

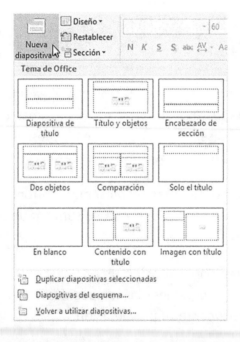

Al insertar una nueva diapositiva esta se agrega después de la diapositiva actual.

Generalmente, la mayoría de diseños de diapositiva presentan algunos cuadros de texto especiales conocidos como **Marcadores de posición**. Cada marcador de posición está adaptado para aceptar textos o cualquier otro objeto que desea insertar. Haga clic dentro del marcador de posición, tal como lo dice la sugerencia, y escriba el texto que desea.

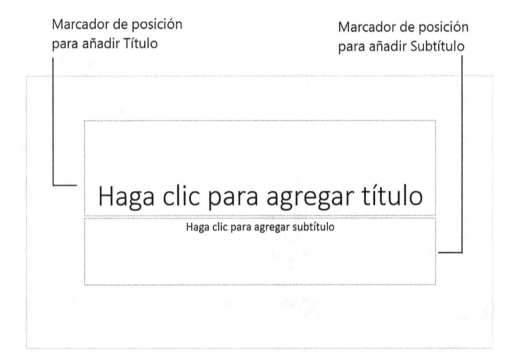

Los marcadores de posición que están adaptados para aceptar textos y objetos mostrarán una serie de iconos. Al hacer clic sobre cualquiera de esos iconos se abrirá un cuadro de diálogo para insertar el objeto que necesita.

Aunque todas las nuevas diapositivas (después de la primera) tendrán siempre el diseño **Título y objetos**, podrá cambiar el diseño haciendo clic sobre el comando **Diseño**, dentro del grupo **Diapositivas**, en la pestaña **Inicio**. Si mueve los marcadores de posición a otro lugar dentro de la diapositiva, puede regresar a su estado normal haciendo clic sobre el botón **Restablecer**.

Para insertar una nueva diapositiva con el diseño por defecto

1. Realice alguna de estas acciones:

    - Clic en la pestaña **Inicio**, y en el grupo **Diapositivas**, clic en el botón **Nueva diapositiva** (no haga clic en la flecha).

    - Pulse *Ctrl+M*.

    - Clic derecho sobre una diapositiva y clic en **Nueva diapositiva**. La diapositiva se insertará después de la diapositiva seleccionada.

Para insertar una nueva diapositiva con un diseño diferente

1. Clic en la pestaña **Inicio**, y dentro del grupo **Diapositivas**, clic en la flecha del botón **Nueva diapositiva**.

2. Haga clic en la miniatura del diseño de diapositiva que desea insertar.

    La próxima vez que inserta una nueva diapositiva, heredará el diseño que acaba de elegir.

Para cambiar el diseño de una diapositiva seleccionada

1. Realice alguna de estas acciones:

    - Clic en la pestaña **Inicio**, y dentro del grupo **Diapositivas**, clic en el botón **Diseño**. Haga clic en la miniatura del diseño de diapositiva que desea cambiar.

    - En el panel de navegación, clic derecho sobre la diapositiva seleccionada y señale la opción **Diseño**. Haga clic en la miniatura del diseño de diapositiva que desea cambiar.

Para escribir texto en la diapositiva

1. Haga clic dentro del marcador de posición y escriba lo que necesita.

Para mover un marcador de posición a otro lugar

1. Lleve el puntero del mouse sobre el borde discontinuo del marcador de posición hasta que el puntero cambie por uno de cuatro flechas.

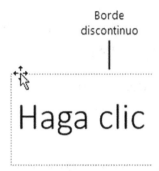

2. Clic sin soltar y arrastre hacia la nueva posición. Luego, suelte el clic.

Para regresar los marcadores de posición a su ubicación por defecto

1. En la pestaña **Inicio**, en el grupo **Diapositivas**, clic en el botón **Restablecer**.

Ejercicio Paso a Paso

En este ejercicio aprenderá a añadir nuevas diapositivas, cambiará el diseño de los mismos, añadirá texto y colocará los marcadores de posición en otro lugar dentro de la diapositiva.

> *Abrir PowerPoint y crear una nueva presentación en blanco.*

1. Con la diapositiva actual seleccionada por defecto, clic dentro del marcador de posición **Haga clic para agregar título**.

2. Escriba: *Marketing Online*.

3. Clic dentro del marcador de posición **Haga clic para agregar subtítulo** y escriba su nombre.

4. Al final de su nombre, pulse *Enter* y escriba: *Especialista en Social Media*.

5. En la pestaña **Inicio**, en el grupo **Diapositivas**, clic sobre el botón **Nueva diapositiva**.

    Se añade una nueva diapositiva después de la diapositiva 1 con el diseño **Título y objetos**.

6. Con la diapositiva 2 seleccionada, clic dentro del marcador de posición **Haga clic para agregar título** y escriba: *Agenda*.

7. Clic dentro del marcador de posición **Haga clic para agregar texto** y escriba: *Usar un plan de marketing*. El texto añadido se muestra en viñeta.

8. Al final del texto ingresado pulse *Enter*. Se acaba de agregar una nueva viñeta.

9. Escriba: *Usabilidad Web*. Pulse *Enter* una vez más.

10. Escriba: *Promocionar un sitio Web*.

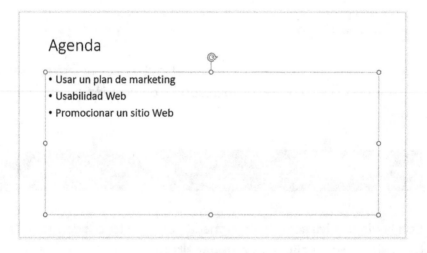

11. Pulse **Ctrl+M** para añadir una nueva diapositiva.

12. Como título escriba: *¿Sabía usted que?*

13. Añada las siguientes viñetas:

    La inversión publicitaria online en Latinoamérica y España llegó al 80%.

La inversión publicitaria online creció en 7% durante los últimos 3 años.

4 de 5 usuarios se documenta primero en Internet antes de comprar.

14. Clic en la flecha del botón **Nueva diapositiva** y seleccione el diseño **Comparación**.

    Se añade una nueva diapositiva con un diseño diferente, ideal para agregar características principales sobre dos temas.

15. Como título escriba: *Evolución de la Web*.

16. Clic dentro del marcador de posición **Haga clic para agregar texto** (el que tiene un formato con negrita y sin viñeta) y escriba: *Web 1.0*.

17. En el otro marcador de posición escriba: *Web 2.0*.

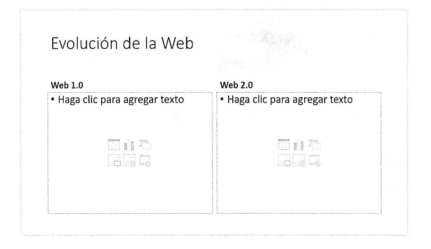

18. Seleccione la diapositiva 2 e inserte una nueva diapositiva. La nueva diapositiva se añade después de la diapositiva seleccionada.

19. Haga clic sobre el comando **Diseño** y seleccione **Solo título**.

20. Escriba el título: *Plan de Marketing*.

21. Haga clic sin soltar sobe la línea discontinua del marcador de posición y lleve el título a la parte inferior de la diapositiva.

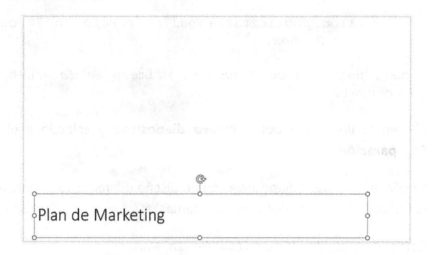

22. Debido a que la nueva posición del título no es de nuestro agrado, haga clic en el botón **Restablecer**.

El marcador de posición regresa a su lugar restableciendo el diseño.

23. Guarde su presentación con el nombre: **Mi Marketing Online.pptx**.

Cierre su presentación.

Reutilizar e importar diapositivas

Para empezar a trabajar en una presentación se requiere de una estructura de temas. Es probable que ya tenga esa estructura en un documento de Word y lo único que necesita es importarlo en PowerPoint para que se convierta en diapositivas individuales.

Antes de importar un documento de Word en PowerPoint, deberá formatear correctamente el contenido como un esquema. Generalmente, debe aplicar los estilos Título1 o Título2 a sus textos, tal como lo muestra la siguiente imagen. Los textos con Título1 aparecerán como títulos en la diapositiva, mientras que los textos con Título2 aparecerán como viñetas.

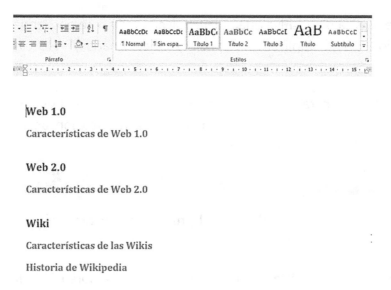

Web 1.0

Características de Web 1.0

Web 2.0

Características de Web 2.0

Wiki

Características de las Wikis

Historia de Wikipedia

Si ya tiene otras presentaciones terminadas puede utilizar esas diapositivas en su presentación actual. Volver a utilizar diapositivas de otras presentaciones le ahorrará mucho tiempo y esfuerzo porque no deberá trabajar desde cero.

El panel **Volver a utilizar diapositivas** muestra las miniaturas de diapositivas de una determinada presentación. Haga clic sobre la diapositiva para insertarla en la presentación actual y esta se adaptará al formato aplicado. Por otro lado, puede activar la casilla **Mantener formato de origen** para insertar la diapositiva con su formato original.

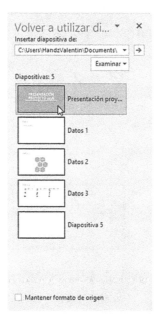

Por otro lado, si la diapositiva que quiere volver a utilizar se encuentra en la misma presentación, podrá duplicar la diapositiva seleccionada y solo cambiar lo que necesita.

Tanto las opciones para añadir un esquema de Word a PowerPoint, la reutilización de diapositivas de una presentación a otra, o la duplicación de diapositivas se encuentran en la galería **Nueva diapositiva**.

Para importar un esquema de Word a PowerPoint

1. En la pestaña **Inicio**, dentro del grupo **Diapositivas**, clic en la flecha del botón **Nueva diapositiva**.

2. Clic en la opción **Diapositivas del esquema**. Se abre el cuadro de diálogo **Insertar esquema**.

3. Navegue hasta la carpeta que contiene su documento de Word. Para este ejemplo, utilice la carpeta **Capítulo3** de sus archivos de práctica.

4. Seleccione el documento (**Esquema.docx**) y haga clic en **Insertar**.

   Se insertarán nuevas diapositivas después de la diapositiva actual. Estas nuevas diapositivas muestran la estructura de temas que fue creada en el documento de Word.

Para volver a utilizar diapositivas

1. Crear una nueva presentación en blanco o abrir una existente.

2. En la pestaña **Inicio**, en el grupo **Diapositivas**, clic en la flecha **Nueva diapositiva** y seleccione la opción **Volver a utilizar diapositivas**. Se abre el panel **Volver a utilizar diapositivas**.

3. Haga clic en el enlace **Abrir un archivo de PowerPoint**. Se abre el cuadro de diálogo **Examinar**.

4. Navegue hasta la carpeta que contiene la presentación que va a utilizar. Luego, seleccione su presentación y clic en **Abrir**. El panel muestra las diapositivas que hay en la presentación que acaba de abrir.

5. Haga clic en una miniatura del panel **Volver a utilizar diapositivas**. La diapositiva seleccionada se inserta después de la diapositiva actual y se adapta al formato de su presentación actual.

Para volver a utilizar diapositivas manteniendo el formato de origen

1. Dentro del panel **Volver a utilizar diapositivas**, active la casilla **Mantener formato de origen**.

2. Ahora, clic sobre la miniatura que desea insertar.

Para buscar otras presentaciones para volver a utilizar diapositivas

1. Dentro del panel **Volver a utilizar diapositivas**, clic en el botón **Examinar** y seleccione **Examinar archivo**. Se abre el cuadro de diálogo **Examinar**.

2. Dentro del cuadro de diálogo **Examinar**, navegue hasta la carpeta donde se encuentra la presentación que quiera volver a utilizar.

3. Seleccione la presentación y clic en **Abrir**.

Para duplicar diapositivas

1. Desde el panel de navegación, seleccione una o varias diapositivas que desea duplicar.

2. Realice alguna de estas acciones:

   - En la pestaña **Inicio**, en el grupo **Diapositivas**, clic en la flecha **Nueva diapositiva** y seleccione **Duplicar diapositivas seleccionadas**.

   - Clic derecho sobre cualquiera de las diapositivas seleccionadas y clic en **Duplicar diapositivas**.

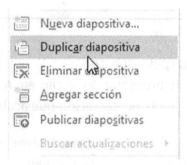

Ejercicio Paso a Paso

En este ejercicio aprenderá a reutilizar diapositivas desde una presentación existente ya sea adaptándose a un nuevo formato o manteniendo el formato de origen. Por último, deberá duplicar algunas diapositivas para ahorrar tiempo.

Abrir la presentación PresentaciónOnline.pptx.

1. En la pestaña **Inicio**, dentro del grupo **Diapositivas**, clic en la flecha de **Nueva diapositiva** y seleccione la opción **Volver a utilizar diapositivas**.

   El panel **Volver a utilizar diapositivas se abre**.

2. En el panel **Volver a utilizar diapositivas**, clic sobre el enlace **Abrir un archivo de PowerPoint**.

   Se abre el cuadro de diálogo **Examinar**.

3. Diríjase a la carpeta **Capítulo3**, y a continuación, seleccione el archivo **Reutilizar.pptx** y clic en **Abrir**.

   El panel muestra las diapositivas que hay en **Reutilizar.pptx**.

4. En el panel de navegación de la presentación actual seleccione la diapositiva 3 y, desde el panel **Volver a utilizar diapositivas**, haga clic en la miniatura que tiene por nombre *Diapositiva 13*.

   Se acaba de insertar una nueva diapositiva después de la diapositiva 3 con el formato de la presentación actual.

5. Seleccione la diapositiva 2 en el panel de navegación, y en el panel **Volver a utilizar diapositivas**, active la casilla **Mantener formato de origen** y luego clic en la miniatura que tiene por nombre *Agenda*.

   Se inserta una nueva diapositiva después de la diapositiva 2, sin embargo, este mantiene su formato de origen.

6. Haga clic en la miniatura que tiene por nombre *1. Establecer objetivos* para insertar la diapositiva en la presentación.

7. En la pestaña **Inicio**, en el grupo **Diapositivas**, clic en la flecha **Nueva diapositiva** y seleccione **Duplicar diapositivas seleccionadas**.

   Ahora tiene dos diapositivas iguales.

8. Mueva la diapositiva duplicada y coloquelo despues de la diapositiva 7. La diapositiva que acaba de mover ahora tomará el orden número 7.

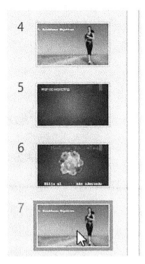

9. Con la diapositiva 7 seleccionada, haga clic dentro del marcador de posición y cambie el texto por: *2. Dar Seguimiento*.

10. Guarde los cambios y cierre PowerPoint.

Ocultar y eliminar diapositivas

Puede haber dedicado mucho tiempo a una presentación y aun así es posible que tenga que eliminar algunas diapositivas. Si elimina una diapositiva, esta desaparece por completo de la presentación y no la encontrará en la papelera de reciclaje. Si se arrepintió de eliminar una diapositiva, puede pulsar *Ctrl+Z* para deshacer la acción.

Por otro lado, si no necesita ciertas diapositivas para una determinada audiencia, la mejor opción es ocultarla. Las diapositivas que están ocultas no se muestran en la vista **Presentación con diapositivas** (véase *Trabajar con la vista Presentación con diapositivas en el* Capítulo 2: Trabajar con Presentaciones) pero siguen apareciendo en el panel de navegación. Podrá notar que una diapositiva está oculta cuando la miniatura tenga un efecto atenuado y el número de diapositiva esté marcado con una barra inclinada.

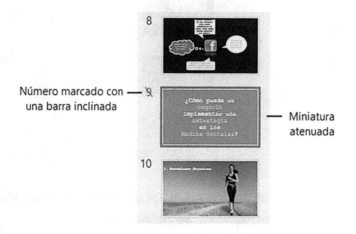

Número marcado con una barra inclinada

Miniatura atenuada

Para eliminar diapositivas

1. Seleccione una o varias diapositivas y realice alguna de estas acciones:

    *   Clic derecho sobre la selección y clic en **Eliminar diapositiva**.

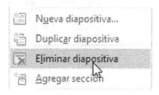

    *   Pulse la tecla *Suprimir*.

Para ocultar o volver a mostrar diapositivas

1. Seleccione una o varias diapositivas y realice alguna de estas acciones:

    *   Clic derecho sobre la selección y clic en **Ocultar diapositiva**.

    *   Clic en la pestaña **Presentación con diapositivas**, y en el grupo **Configurar**, clic en **Ocultar diapositiva**. El botón **Ocultar diapositiva** permanece sombreado para indicar que una diapositiva está oculta.

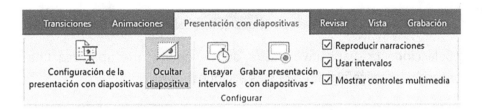

Organizar diapositivas en secciones

Editar una presentación extensa puede requerir mucho tiempo y esfuerzo por lo que necesita una manera de organizar las diapositivas eficientemente. Una manera de hacerlo es dividiéndola en secciones. Al dividir en secciones, las diapositivas se agrupan permitiéndole controlar y organizar fácilmente su presentación.

Las secciones que pueda añadir a su presentación se muestran como etiquetas encima de las diapositivas que forman parte del grupo y solo se pueden ver y manipular en las vistas **Normal** y **Clasificador de diapositivas**. Todas las secciones se crean con un nombre por defecto, pero puede cambiarlos por un nombre que los identifique mejor.

Las secciones pueden permanecer expandidas o contraídas. Si las secciones están expandidas, podrá ver las miniaturas de las diapositivas y seleccionar la que necesita para editarla. En cambio, al contraer una sección, las miniaturas se ocultan y te da la opción de mover la sección completa y cambiarla a otra posición; esto es más efectivo que seleccionar varias diapositivas a la vez y moverlas a otra posición.

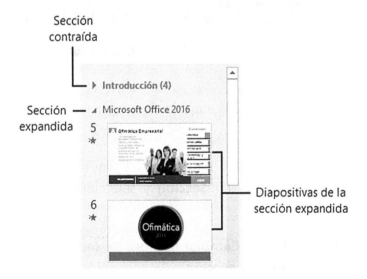

Para añadir secciones

1. Seleccione la diapositiva desde donde quiere que aparezca una nueva sección y realice alguna de estas acciones:

   - En la pestaña **Inicio**, en el grupo **Diapositivas**, clic en **Sección** y seleccione **Agregar sección**.

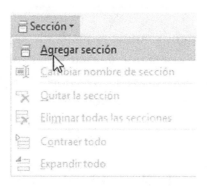

   - Clic derecho sobre la diapositiva seleccionada y clic en **Agregar sección**.

   Encima de la diapositiva seleccionada aparece una etiqueta con el nombre **Sección sin título**. Si la diapositiva que ha seleccionado no es la diapositiva 1, se añadirá una sección extra encima de ella con el nombre **Sección predeterminada** e incluirá la diapositiva 1 y las diapositivas hasta antes de su selección.

Cambiar el nombre de la sección

1. Abrir el cuadro de diálogo **Cambiar nombre de sección** siguiendo alguno de estos métodos:

   - Clic derecho sobre la etiqueta de sección y clic en **Cambiar nombre de sección**.

   - Clic en la etiqueta de sección, y en la pestaña **Inicio**, grupo **Diapositivas**, clic en **Sección** y seleccione **Cambiar nombre de sección**.

2. En el cuadro de diálogo **Cambiar nombre de sección**, escriba un nombre en el cuadro **Nombre de sección** y clic sobre el botón **Cambiar nombre**.

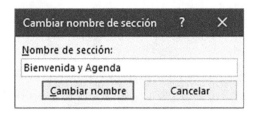

Expandir o contraer una sola sección

1. Haga clic en la flecha a la izquierda del nombre de la sección.

Expandir o contraer todas las secciones a la vez

1. Realice alguna de estas acciones:

    - En la pestaña **Inicio**, dentro del grupo **Diapositivas**, clic en **Secciones** y clic en **Contraer todo** o **Expandir todo** según corresponda.

    - Clic derecho sobre cualquier etiqueta de sección y clic en **Contraer todo** o **Expandir todo** según corresponda.

Mover una diapositiva a otra sección

1. Clic sin soltar sobre la diapositiva y arrastre hacia la otra sección. Suelte el clic cuando decide en qué lugar posicionarlo.

Mover todas las diapositivas de una sección a otra

1. Clic sobre la etiqueta de sección para seleccionar todas las diapositivas de la sección.

2. Clic sin soltar sobre cualquiera de las diapositivas seleccionada y arrastre hacia la otra sección. Suelte el clic cuando decide en qué lugar posicionarlo.

Cambiar la posición de las secciones

1. Por facilidad, contraiga las secciones y realice alguna de estas acciones.

    - Clic sin soltar sobre la etiqueta de sección y arrastre hacia otra posición.

▷ Bienvenida y Agenda (4)

▷ Diseño Gráfico y Web (16)

Office Empresarial (4)

- Clic derecho sobre la etiqueta de sección y clic en la sección **Subir sección** o **Bajar sección** según corresponda.

Esta acción no solo cambia la sección, sino también todas las diapositivas dentro de ellos.

Para quitar una sección y mantener las diapositivas

1. A partir de la segunda etiqueta de sección realice alguna de estas acciones:

   - Clic derecho sobre la etiqueta de sección y clic en **Quitar la sección**.

   - En la pestaña **Inicio**, en el grupo **Diapositivas**, clic en **Sección** y seleccione **Quitar la sección**.

Quitar todas las secciones y mantener todas las diapositivas

1. Realice alguna de estas secciones:

   - Clic derecho sobre cualquier etiqueta de sección y clic en **Eliminar todas las secciones**.

   - En la pestaña **Inicio**, en el grupo **Diapositivas**, clic en **Sección** y seleccione **Eliminar todas las secciones**.

Eliminar una sección y todas sus diapositivas

1. Clic derecho sobre cualquier etiqueta de sección y clic en **Eliminar sección y diapositivas**.

Ejercicio Paso a Paso

En este ejercicio aprenderá a añadir diversas secciones a su presentación desde la vista Normal y la vista Clasificador de diapositivas. Luego, cambiará el nombre de las secciones para reconocer fácilmente su contenido. Por último, contraerá todas las secciones para luego cambiar su posición y organizar sus diapositivas correctamente.

> *Abrir la presentación Organizar.pptx.*

1. Seleccione la diapositiva 4 y, en la pestaña **Inicio**, en el grupo **Diapositivas**, clic en **Sección** y seleccione **Agregar sección**.

   Encima de la diapositiva 4 se crea la etiqueta **Sección sin título**. Además, encima de la diapositiva 1 se crea la etiqueta **Sección predeterminada**. Esto es debido a que ningún grupo de diapositivas puede quedarse sin sección.

2. Clic derecho sobre la etiqueta **Sección sin título** y clic en **Cambiar nombre de sección**.

   Se abre el cuadro de diálogo **Cambiar nombre de sección**.

3. En el cuadro de diálogo **Cambiar nombre de sección**, clic dentro del cuadro *Nombre de sección* y escriba: `Ofimática Empresarial`. Luego, clic en el botón **Cambiar nombre**.

4. Cambie el nombre de la etiqueta **Sección predeterminada** por `Bienvenida e Introducción`.

5. Active la vista **Clasificador de diapositivas**.

   En esta vista también podrá ver las etiquetas de secciones.

6. Haga clic derecho sobre la diapositiva 8 y clic en **Agregar sección**.

   Se agrega la etiqueta **Sección sin título**.

7. Cambie la **Sección sin título** por `Diseño Gráfico y Desarrollo Web`.

8. A la diapositiva 12 agregue la sección `Ensamblaje y Redes`.

9. Regrese a la vista **Normal**. Y desde la pestaña **Inicio**, en el grupo **Diapositivas**, clic en **Sección** y seleccione **Contraer todo**.

Todas las secciones se contraen y las miniaturas se ocultan. Además, podrá ver a la derecha de las etiquetas de sección un número entre paréntesis que representa la cantidad de diapositivas que hay en esa sección.

10. Clic sin soltar sobre la sección *Ofimática Empresarial* y posiciónelo por debajo de la sección *Ensamblaje y Redes*.

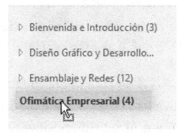

11. Clic en el comando **Sección** y seleccione **Expandir todo**.

12. Guarde los cambios y cierre PowerPoint.

Aplicar temas

Un *tema* es un grupo de configuraciones aplicados al diseño de diapositiva. Este incluye configuraciones de color, fuente, efectos aplicados a los objetos y, en algunos casos, incluyen un gráfico de fondo. La siguiente imagen muestra una diapositiva con el tema llamado *Faceta*. El color aplicado al objeto, el gráfico de fondo de los extremos y las fuentes usadas son configuraciones del tema elegido.

Incluso, al crear una presentación en blanco, este lleva un tema. El tema por defecto es llamado *Tema de Office.* El Tema de Office incluye un fondo de color blanco, la fuente *Calibri Light* para los títulos y *Calibri* para el cuerpo del texto, y Las formas insertadas tendrán un relleno de color azul.

Para aplicar un tema solo debe ir a la pestaña **Diseño**, y dentro del grupo **Temas**, hacer clic sobre alguna de las miniaturas de la galería. Si hace clic sobre el botón **Más**, podrá expandir la galería de temas y elegir el que crea conveniente. Esta galería tiene activado el modo **Vista previa en vivo**, esto significa que, con tan solo señalar una miniatura, podrá ver cómo quedaría su diapositiva si hace clic en la miniatura.

> *El modo Vista previa en vivo solo funciona en la vista Normal.*

Cuando hace clic sobre un tema, este se aplica por defecto a todas las diapositivas de la presentación. Sin embargo, puede aplicar un tema diferente a una o varias diapositivas seleccionadas o sobre alguna sección.

Para aplicar un tema

1. Seleccione cualquier diapositiva dentro del panel de navegación.

2. En la pestaña **Diseño**, en el grupo **Temas**, realice alguna de estas acciones:

- Clic sobre alguna miniatura de la galería de temas.

- Clic en el botón **Más** de la galería de temas y haga clic en una miniatura.

- Ya sea que la galería esté expandida o no, señale las miniaturas de temas para ver una vista previa en vivo. Una vez decidido, haga clic sobre la miniatura.

Para aplicar un tema diferente a ciertas diapositivas

1. Seleccione las diapositivas a las que quiere aplicar un tema diferente.

2. En la galería de temas, clic derecho sobre la miniatura y seleccione **Aplicar a las diapositivas seleccionadas**.

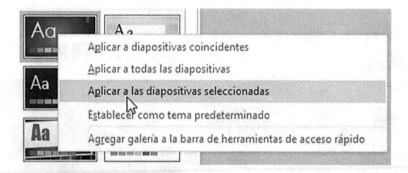

Para cambiar un tema a las diapositivas con tema coincidente

1. Seleccione una de las diapositivas que pertenezca al grupo de diapositivas que tienen el mismo tema.

2. En la galería de temas, clic derecho sobre la miniatura y seleccione **Aplicar a diapositivas coincidentes**.

Para aplicar un tema a una sección completa

1. Haga clic en la etiqueta de sección.

2. En la pestaña **Diseño**, en el grupo **Temas**, clic en alguna miniatura de la galería de temas.

Para cambiar el esquema de color de la presentación

1. Clic en la pestaña **Diseño**, y en el grupo **Variantes**, realice alguna de estas acciones:

   - Clic en la miniatura de color de la galería **Variantes**.

   - Clic en el botón **Más** de la galería **Variantes**, señale **Colores**, y clic en el esquema de color que necesite.

Para cambiar el conjunto de fuentes de la presentación

1. Clic en la pestaña **Diseño**, y en el grupo **Variantes**, clic en el botón **Más** de la galería **Variantes**.

2. Señale **Fuentes**, y haga clic en el conjunto de fuente que necesite.

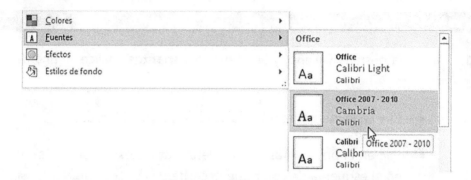

Para cambiar el estilo de efecto para los objetos en la presentación

1. Clic en la pestaña **Diseño**, y en el grupo **Variantes**, clic en el botón **Más** de la galería **Variantes**.

2. Señale **Efectos**, y haga clic en el estilo de efecto que necesite.

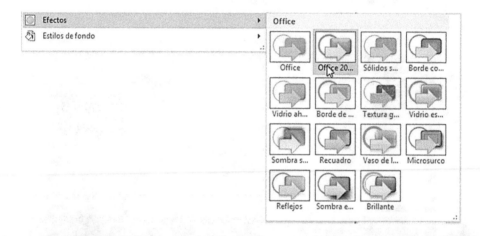

Para aplicar un estilo de fondo a la presentación

1. Clic en la pestaña **Diseño**, y en el grupo **Variantes**, clic en el botón **Más** de la galería **Variantes**.

2. Señale **Estilos de fondo** y clic en el fondo que necesite.

Ejercicio Paso a Paso

En este ejercicio aprenderá a aplicar temas a dos secciones diferentes en la presentación. A continuación, utilizará algunas variantes de temas para personalizar las diapositivas en cada sección. Por último, personalizará el texto, el color, los efectos y el fondo de las diapositivas.

> *Abrir la presentación Temas.pptx.*

1. Clic en la pestaña **Diseño**, y en el grupo **Temas**, clic en el botón **Más** para expandir la galería de temas.

2. En la galería de temas, en la sección **Esta presentación**, señale la única miniatura para ver una información en pantalla.

   La información de pantalla le muestra el nombre del tema, llamado **Ion**. Además, le indica qué diapositivas están usando este tema. En este ejercicio, son todas las diapositivas.

3. Con la galería **Temas** expandida, señale algunas miniaturas.

   Al señalar las miniaturas podrá ver el nombre del tema y notará cómo la vista previa en vivo le muestra cómo quedará la diapositiva si hace clic en la miniatura señalada.

4. Haga clic en el tema **Galería**.

   El tema se aplica a todas las diapositivas y notará varios cambios. El cambio más notorio es el diseño y el color de las diapositivas. También puede notar en la primera diapositiva que los marcadores de posición han cambiado de lugar, y las fuentes tampoco son las mismas.

Tema Ion   Tema Galería

5. Agregue una sección a partir de la diapositiva 4 con el nombre *Segunda Parte.*

6. Clic sobre la etiqueta de sección *Segunda Parte*, y aplique el tema **Sobrio**.

   El tema se aplica solo a las diapositivas de la sección *Segunda Parte*.

7. Clic en la etiqueta de sección *Sección predeterminada*, y en el grupo **Variantes**, clic en la miniatura 4.

   La variante solo afecta a las diapositivas de la sección seleccionada.

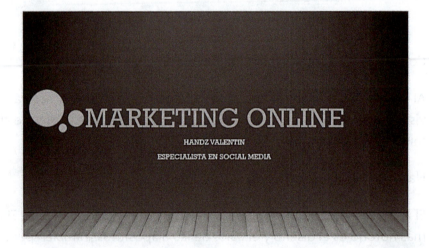

8. Para la sección *Segunda Parte*, aplique la variante 2.

9. Seleccione la diapositiva 1 y clic en el botón **Más** de la galería **Variantes** para expandir la galería. Señale **Colores**, y clic en **Verde amarillo**.

10. Expanda la galería **Variantes**, señale **Fuentes**, y clic en **Arial Black – Arial**.

11. Seleccione la diapositiva 4 y expanda la galería **Variantes**. Señale **Efectos** y clic en **Vaso de leche**.

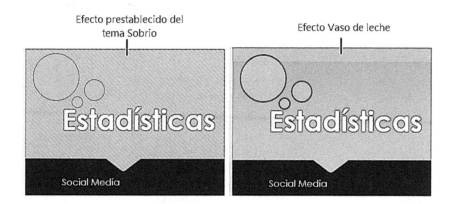

12. Seleccione la diapositiva 2 y expanda la galería **Variantes**. Señale **Estilos de fondo**, haga clic derecho sobre el **Estilo 10** y clic en **Aplicar a las diapositivas seleccionadas**.

    El estilo de fondo solo se aplica a la diapositiva 2.

13. Guarde los cambios y cierre PowerPoint.

Personalizar fondo de diapositiva

Cada uno de los temas que puede aplicar a su presentación tienen un color de fondo y, en algunos casos, un gráfico de fondo. Aunque la galería **Variantes** en la pestaña **Diseño** tiene la opción de cambiar el estilo de fondo, puede aplicar otros colores de fondo incluyendo colores sólidos, degradados, tramas o imágenes a través del panel **Dar formato al fondo.**

> *Si desea personalizar completamente el color y el diseño del gráfico de fondo de un tema, tendrá que hacerlo a través del patrón de diapositivas. Los patrones de diapositivas escapan del ámbito de este libro.*

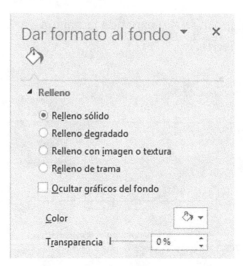

Cada una de las opciones del panel Dar formato al fondo permite aplicar colores al estilo de fondo, mas no al gráfico de fondo. La siguiente lista describe cada una de las opciones:

- **Relleno sólido:** Permite aplicar un solo color al fondo de la diapositiva.

- **Relleno degradado:** Permite aplicar un fondo degradado. Visualmente, un degradado es una transición suave y progresiva entre dos o más colores.

- **Relleno con imagen o textura:** Puede elegir una imagen desde un archivo o una textura prestablecida como fondo de diapositiva.

- **Relleno de trama:** Permite rellenar el fondo de diapositiva con un color de fondo y un diseño de tramado (líneas, ondas u otros patrones).

- **Ocultar gráfico de fondo:** Active esta casilla para ocultar el gráfico de fondo. Esta opción no elimina el gráfico en sí, ya que desactivando la casilla, el gráfico de fondo volverá a aparecer.

- **Transparencia:** Permite aplicar un nivel de transparencia al fondo aplicado. Esta opción no aplica para un fondo de trama.

Para activar el panel Dar formato al fondo

1. Realice alguna de estas acciones:

- En la pestaña **Diseño**, en el grupo **Personalizar**, clic en el botón **Dar formato al fondo**.

- En la pestaña **Diseño**, en el grupo **Variantes**, clic sobre el botón **Más** de la galería para expandirla. Señale la opción **Estilos de fondo** y clic en **Formato del fondo**.

Para aplicar un color de fondo sólido

1. Seleccione la opción **Relleno sólido**.

2. En la etiqueta **Color**, clic sobre el botón **Color de relleno**. Se despliega una paleta de colores.

3. Haga clic sobre el color que más le guste.

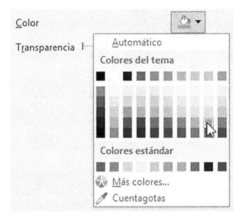

4. Si no encuentra el color que desea, clic en la opción **Más colores**. Se abre el cuadro de diálogo **Colores**.

5. En la pestaña **Estándar**, clic en el color que necesite dentro del hexágono de colores

6. Clic en **Aceptar** para aplicar el color elegido.

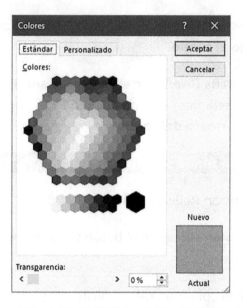

Para aplicar un color de fondo degradado prestablecido

1. Seleccione **Relleno degradado**.

2. En la etiqueta **Degradados prestablecidos**, clic sobre el botón del mismo nombre. Se despliega una galería de degradados.

3. Clic en el degradado que más le guste.

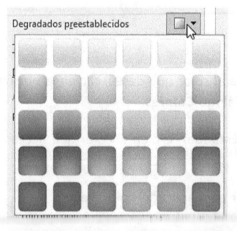

Para aplicar un color de fondo degradado personalizado

1. Seleccione **Relleno degradado**, y en la etiqueta **Puntos de degradado**, seleccione un delimitador de degradado en la barra de degradado.

2. En la etiqueta **Color**, clic en **Color de relleno** y seleccione el color que más le guste. El delimitador y la barra de degradado reflejan el color cambiado.

3. Seleccione otro delimitador de degradado y aplique un color de relleno.

4. Realice la misma técnica para todos los delimitadores que tenga.

Para añadir o quitar delimitadores de degradado

1. Para añadir un delimitador de degradado realice alguna de estas acciones:

   - Clic en cualquier lugar de la barra de degradado.

   - Seleccione un delimitador de degradado y haga clic en el botón **Agrega un delimitador de degradado.**

2. Para quitar un delimitador de degradado realice alguna de estas acciones:

   - Clic en el delimitador de degradado y pulse *Suprimir*.

   - Seleccione el delimitador de degradado que quiere eliminar y haga clic en el botón **Quita el delimitador de degradado.**

Para cambiar el efecto del degradado

1. En la etiqueta **Tipo**, clic en la flecha desplegable y seleccione entre las opciones: **Lineal**, **Radial**, **Rectangular, Ruta** o **Sombra del título**.

2. En la etiqueta **Puntos de degradado**, mueva los delimitadores para cambiar el efecto de degradado del tipo elegido.

Para aplicar un fondo de textura

1. Seleccione **Relleno con imagen o textura**.

2. En la etiqueta **Textura**, haga clic en el botón del mismo nombre. Se despliega la galería de texturas.

3. Haga clic en alguna textura.

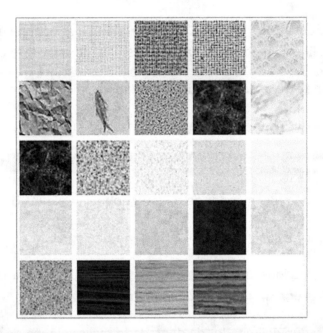

Para aplicar un fondo de imagen

1. Seleccione **Relleno con imagen o textura**.

2. En la etiqueta **Insertar imagen desde**, realice alguna de estas acciones:

   - Clic en el botón **Archivo** para abrir el cuadro de diálogo **Insertar imagen**. Desde ahí, navegue hasta la carpeta donde se encuentra la imagen, seleccione el archivo y clic en **Insertar**.

   - Clic en el botón **En línea** para abrir la ventana de diálogo **Insertar imágenes**. Utilice alguno de los servicios para encontrar la imagen que desea insertar.

   - Clic en el botón **Portapapeles** para usar una imagen copiada o cortada en el portapapeles.

Para aplicar un relleno de trama

1. Seleccione **Relleno de trama**.

2. En la etiqueta **Trama**, haga clic en uno de los diseños de trama.

3. En la etiqueta **Primer plano**, clic en el botón del mismo nombre y seleccione un color para el tramado.

4. En la etiqueta **Fondo**, clic en el botón del mismo nombre y seleccione un color de fondo para la diapositiva.

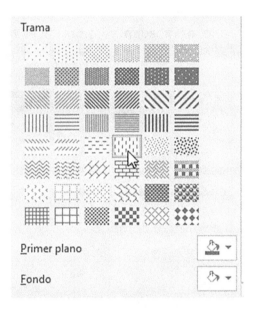

Para aplicar transparencia al fondo

1. En la etiqueta **Transparencia**, realice alguna de estas acciones:

   • Mueva el deslizador hacia arriba para aumentar la transparencia.

   • Clic en el cuadro de **Transparencia** y escriba un valor entre *0* y *100*. El valor será reconocido como porcentaje.

Para aplicar un fondo a todas las diapositivas

1. Clic en el botón **Aplicar a todo**.

Para ocultar el gráfico de fondo

1. Clic en la casilla **Ocultar gráficos del fondo**.

Para restablecer el estilo de fondo del tema

1. Clic en el botón **Restablecer fondo**.

Ejercicio Paso a Paso

En este ejercicio aprenderá a aplicar diferentes colores y diseños de fondo. Empezará aplicando un color de relleno sólido y luego un relleno degradado. Después, aplicará un fondo de imagen y cambiará el formato de texto para visualizar mejor la información. Por último, aplicará un relleno de trama.

> *Abrir la presentación Fondos.pptx.*

1. Seleccione la diapositiva 2 y haga clic en la pestaña **Diseño**, y en el grupo **Personalizar**, clic en **Dar formato al fondo**.

   Se abre el panel **Dar formato al fondo**.

2. Clic en **Relleno sólido**.

   Se activan las opciones para relleno sólido.

3. Clic en el botón **Color de relleno** y seleccione el color **Verde, Énfasis 4, Oscuro 25**%.

   El color de fondo se aplica a la diapositiva seleccionada.

4. Active la casilla **Ocultar gráficos del fondo**.

   Un pequeño rectángulo vertical, ubicado en la parte superior derecha de la diapositiva, desaparece.

5. Seleccione la diapositiva 1 y, en el panel **Dar formato al fondo**, clic en **Relleno degradado**.

   Se activan las opciones para el relleno degradado.

6. Clic en el botón **Degradados prestablecidos**, y clic en el degradado **Foco de luz inferior – Énfasis 6**.

   Revise la etiqueta **Puntos de degradado**, esta barra muestra tres delimitadores.

7. Haga clic en el delimitador del medio y luego, clic en el botón **Color** y seleccione **Púrpura**.

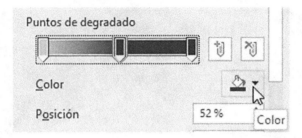

8. Seleccione la diapositiva 3 y desde el panel **Dar formato al fondo**, seleccione **Relleno con imagen o textura**.

9. En la etiqueta **Insertar imagen desde**, clic en el botón **Archivo**.

   Se abre el cuadro de diálogo **Insertar imagen**.

10. Ubique la carpeta **Capítulo3**, seleccione el archivo **Edificios.jpg**, y clic en el botón **Insertar**.

    Se inserta la imagen como fondo de diapositiva. El texto que se encuentra en el marcador de posición no se nota correctamente. Además, el gráfico de fondo (rectángulo rojo) tampoco ayuda al diseño aplicado.

11. Seleccione el texto *Plan de Marketing* y en la pestaña **Inicio**, en el grupo **Fuente**, clic en la flecha del botón **Color de fuente** y seleccione el color **Naranja, Énfasis 2, Oscuro 50%**.

    El texto ya se puede notar en la diapositiva.

12. Clic en alguna parte del fondo de la diapositiva para activar nuevamente las opciones del panel **Dar formato al fondo**.

13. Clic en el cuadro **Transparencia** e ingrese el número *15*. Luego, pulse *Enter*.

    La imagen de fondo se atenúa y el texto tiene mejor nitidez.

14. Clic en **Ocultar gráfico de fondo**.

15. Seleccione la diapositiva 5 y en el panel **Dar formato al fondo**, clic en **Relleno de trama**.

16. En la etiqueta **Trama**, seleccione **Franjas diagonales: claras hacia arriba**.

17. En **Primer plano**, seleccione el color **Púrpura, Énfasis 6, Oscuro 25%**.

18. En **Fondo**, seleccione el color **Rojo oscuro, Énfasis 1, Oscuro 25%**.

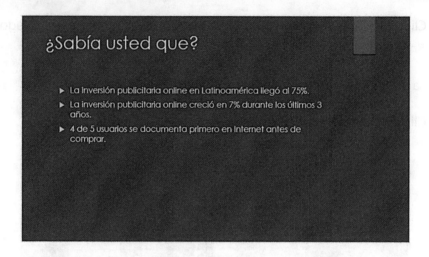

19. Guarde los cambios y cierre PowerPoint.

Capítulo 4: Ingresar y dar formato al texto

En este capítulo aprenderá a:

- Ingresar texto

- Aplicar formato a los caracteres y párrafos

- Aplicar efectos de WordArt

- Insertar tablas

Use la carpeta Capítulo4 para los ejercicios de este capítulo.

Aunque una presentación puede contener diversos efectos y animaciones, los textos son una parte esencial en el diseño de sus presentaciones. La tendencia de las nuevas presentaciones es incluir imágenes como objeto principal, sin embargo, aún necesitan títulos y otras palabras que transmitan con mayor claridad la información.

Para añadir un texto basta con hacerlo directamente en un marcador de posición o añadir un cuadro de texto de ser necesario. Al igual que Word, puede aplicar diversos formatos a sus caracteres y párrafos, desde los atributos clásicos como *Negrita, Cursiva* o *Subrayado*, hasta la creación de viñetas y efectos de WordArt.

Si necesita presentar gran cantidad de información en una diapositiva, puede optar por insertar una tabla. Las tablas proporcionan una estructura ordenada para los textos en una presentación a través de filas y columnas.

En este capítulo aprenderá a ingresar texto y aplicar diversos formatos básicos. Además, insertará texto en WordArt y, por último, organizará los textos en tablas.

Ingresar texto

Por lo general, toda diapositiva tiene al menos un marcador de posición que es el lugar donde deberá ingresar sus textos. La cantidad, la ubicación y el formato de los marcadores de posición está fijado por el diseño de diapositiva.

En una diapositiva con el diseño *Diapositiva de título*, encontrará dos marcadores de posición, uno para el título y el otro para el subtítulo. Posiblemente, las demás diapositivas que añada por defecto tendrán el diseño *Título y objetos*. Este diseño también presenta dos marcadores de posición, uno para el título y otro para textos que serán formateados como texto con viñetas.

Los marcadores de posición son transparentes y no se aprecian cuando utiliza la vista **Presentación con diapositivas**. Mientras trabaja en la vista **Normal**, cada marcador de posición está delimitado por líneas discontinuas. Para ingresar texto, debe hacer clic dentro del marcador de posición y aparecerá una barra parpadeante conocido como **punto de inserción**. El punto de inserción le indica que puede ingresar texto a partir de esa posición.

Si está ingresando texto dentro de un marcador de posición que acepta textos y objetos, automáticamente el texto aparecerá en viñetas. Si pulsa `Enter` al final del texto, se creará una nueva viñeta. Las viñetas funcionan de forma similar a Word. Si desea bajar el nivel de una viñeta, solo debe pulsar la tecla `Tab` y `Mayús+Tab` para subir el nivel.

- **Géneros basales**
  - Stegolophodon
  - Stegotetrabelodon
  - Stegodibelodon
- **Subfamilia Stegodontinae**
  - Stegodon
- **Subfamilia Llephantinae**
  - Géneros basales
    - Primelephas|

Cuando el texto ingresado sobrepasa el tamaño del marcador de posición, este se ajustará. El ajuste significa que el texto se reducirá de tamaño para caber en el marcador de posición. Esta acción que toma PowerPoint automáticamente, también se aplica a los marcadores de posición de títulos.

Al autoajustarse el texto, un pequeño botón aparece a la izquierda del marcador de posición llamado **Opciones de autoajuste**. Cuando hace clic sobre este botón, podrá decidir qué hacer con el texto que sobrepasa el marcador de posición.

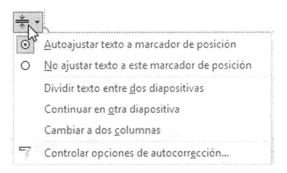

La vista **Esquema** también es una buena forma de añadir texto a sus diapositivas. Haga clic en el esquema de la diapositiva y escriba. El texto ingresado será tomado como un título. Si pulsa *Enter*, se añadirá una nueva diapositiva, por lo que deberá pulsar *Tab* para añadir un subtítulo o un texto con viñetas según corresponda.

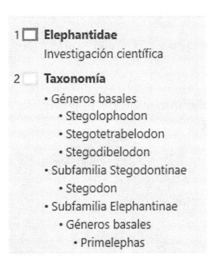

Para ingresar texto en un marcador de posición de título

1. Realice alguna de estas acciones:

- En la vista **Normal**, clic dentro del marcador de posición de título y escriba el texto.

- En la vista **Esquema**, clic en la miniatura del panel Esquema y escriba el texto.

Para ingresar texto en un marcador de posición de subtítulo o texto

1. Realice alguna de estas acciones:

   - En la vista **Normal**, clic dentro del marcador de posición de subtítulo o texto y escriba el texto.

   - En la vista **Esquema**, pulse _Enter_ al final del texto de título y luego la tecla _Tab_. A continuación, escriba el texto.

Para añadir más puntos de viñeta

1. Al final del texto, pulse _Enter_.

Para bajar el nivel a los puntos de viñeta

1. Realice alguna de estas acciones:

   - Pulse la tecla _Tab_.

   - Si ya existe un texto, sitúe el punto de inserción delante del texto y pulse _Tab_.

   - En la pestaña **Inicio**, grupo **Párrafo**, clic sobre el botón **Aumentar nivel de lista**.

Para subir el nivel a los puntos de viñeta

1. Realice alguna de estas acciones:

   - Pulse la tecla _Shift+Tab_.

   - Si ya existe un texto, sitúe el punto de inserción delante del texto y pulse _Shift+Tab_.

- En la pestaña **Inicio**, grupo **Párrafo**, clic sobre el botón **Disminuir nivel de lista**.

Para elegir una opción de autoajuste

1. Ingrese todo el texto que necesita hasta que se ajuste al marcador de posición.

2. En la esquina inferior izquierda del marcador de posición, clic sobre el botón **Opciones de autoajuste**.

3. Elija la opción que se adecue a lo que necesita.

Añadir más texto con cuadros de texto

Ya sabe que los marcadores de posición dependen del diseño de diapositiva elegido. Sin embargo, a veces es necesario añadir más texto fuera de esos marcadores de posición. Use un cuadro de texto para ingresar texto adicional a su diapositiva. A diferencia de un marcador de posición, el cuadro de texto ajusta su tamaño para adaptarse al texto ingresado.

Una vez que ya tenga su texto ingresado, podrá mover, redimensionar y aplicar formato al cuadro de texto como si se tratase de una **Forma**. (Véase el *Capítulo 5: Insertar Imágenes, Formas e Iconos*)

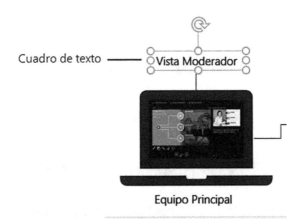

Cuadro de texto ——— Vista Moderador

Equipo Principal

Para insertar un cuadro de texto

1. Clic en la pestaña **Insertar**, y en el grupo **Texto**, clic en **Cuadro de texto**.

2. Realice alguna de estas acciones:

- Clic en alguna parte de la diapositiva. Escriba el texto y el cuadro de texto se expandirá automáticamente.

- Clic sin soltar y realice un arrastre en diagonal hacia la izquierda o derecha hasta dar forma a un rectángulo. Escriba el texto y el cuadro de texto ajustará la altura para abarcar el texto ingresado. Sin embargo, el ancho se mantendrá fijo.

Para cambiar las opciones de autoajuste

1. Clic derecho sobre el cuadro de texto seleccionado y clic en **Formato de forma**. Se abre el panel **Formato de forma**.

2. Clic en la sección **Opciones de texto**, luego clic en la página **Cuadro de texto**.

3. Dentro de las opciones, elija entre: **No autoajustar**, **Comprimir el texto al desbordarse** y **Ajustar tamaño de la forma al texto**.

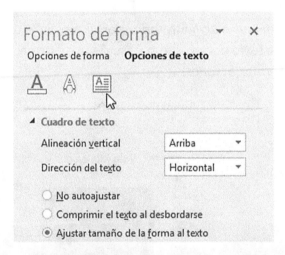

Para establecer el formato por defecto para los cuadros de texto

1. Aplique formato al texto y/o configure las opciones de autoajuste para el cuadro de texto.

2. Clic derecho sobre el cuadro de texto y seleccione **Establecer como cuadro de texto predeterminado**.

3. Inserte un nuevo cuadro de texto y este tendrá la nueva configuración.

Ejercicio Paso a Paso

En este ejercicio aprenderá a ingresar textos en sus respectivos marcadores de posición. Además, podrá insertar cuadros de texto y los colocará en diferentes posiciones para organizar la información en la diapositiva

> *Abrir la presentación Textos.pptx.*

1. En la primera diapositiva, clic dentro del marcador de posición **Haga clic para agregar título** y escriba: *ESTRATEGIAS PEDAGÓGICAS*.

2. En el marcador de posición **Haga clic para agregar subtítulo**, escriba su nombre.

3. Seleccione la diapositiva 4 y en el marcador de posición de título escriba: *Estrategias Pedagógicas*.

4. En el marcador de posición de texto escriba: *La pedagogía se nutre de las TIC para llegar a un/a:*

5. Seleccione la diapositiva 5 y en el marcador de posición de título escriba: *Uso de las TIC en el aula.*

6. En el marcador de posición de texto escriba: *Una vez el docente tenga todas las habilidades necesarias, más aún si tiene un certificado IC3 que valide sus conocimientos y buenas prácticas en TIC, podrá desenvolverse en su clase fácilmente a través del uso de estas tecnologías.*

7. Seleccione nuevamente la diapositiva 1 y desde la pestaña **Insertar**, en el grupo **Textos**, clic en **Cuadro de texto**.

8. Haga clic en algún espacio libre de la diapositiva y escribe: *#TICenEducación*

9. Clic sobre el borde del cuadro de texto y arrástrelo hasta posicionarlo por encima y a la derecha del título. Vea la siguiente imagen.

10. Seleccione la diapositiva 2, y desde la pestaña **Insertar**, grupo **Texto**, clic en **Cuadro de texto** y dibuje un rectángulo en la diapositiva.

11. Escriba: *El uso de las TIC en la educación.*

12. Posiciónelo por encima del primer nombre.

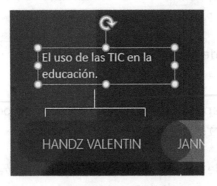

13. Añada los siguientes cuadros de texto y escriba:

   • *Concepto de la Alfabetización Digital*

   • *La Certificación en Alfabetización Digital - IC3*

   • *Ejemplos de estrategias pedagógicas usando las TIC*

14. Posicione cada cuadro de texto con su respectivo nombre, tal como lo muestra la siguiente imagen. De ser necesario, ajuste el tamaño de los cuadros de texto.

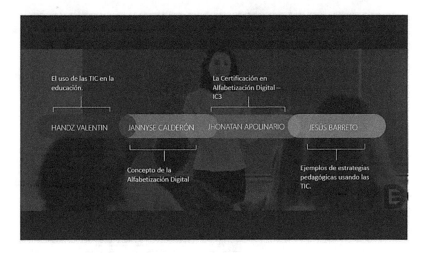

15. Guarde los cambios.

Deje abierto la presentación, lo usará en el próximo ejercicio.

Insertar Pie de Página

Si desea añadir texto que se repita en cada una de las diapositivas, puede insertar un pie de página. El área de pie de página se ubica en la parte inferior de la diapositiva, y aunque este ya forma parte del diseño de diapositiva, no se mostrará a menos que lo active.

El cuadro de diálogo **Encabezado y pie de página** permite activar tres secciones en el área de pie de página: la fecha y hora, el número de diapositiva y un texto cualquiera. Estas secciones de pie de página son simples cuadros de texto adaptadas para tal fin. Cada vez que activa una sección, el área de vista previa marca esa sección para saber dónde irá el elemento insertado. Después, podrá moverlo y aplicarle formato si lo desea.

No podrá aplicar un encabezado de página en una diapositiva directamente. Si aún desea hacerlo, deberá configurar el diseño de la diapositiva en la vista patrón de diapositivas. El tema Patrón de diapositiva escapa del ámbito de este libro.

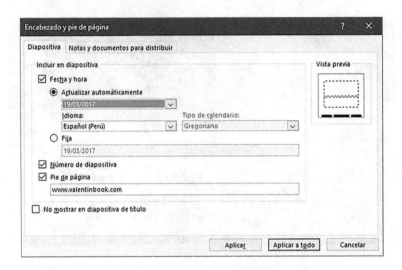

Para activar el cuadro de diálogo Encabezado y pie de página

1. En la pestaña **Insertar**, en el grupo **Texto**, clic en el botón **Encabez. Pie pág.**

2. Verifique que esté activo la pestaña **Diapositiva**.

Para aplicar un pie de página

1. En el área *Incluir en diapositiva*, active la casilla **Fecha y hora** y realice alguna de estas acciones:

   • Active la opción **Actualizar automáticamente** y desde la lista desplegable podrá elegir un formato de fecha y hora. Cada vez que abra la presentación, la fecha y hora se actualizará.

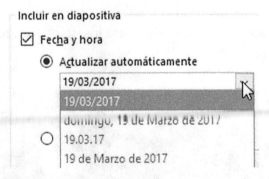

   • Active la opción **Fija** y se mostrará la fecha actual. Cambie la fecha y añada texto adicional si es necesario.

2. Active la casilla **Número de diapositiva** para mostrar el número de la diapositiva actual.

3. Active la casilla **Pie de página**, y escriba el texto que desee en el cuadro en blanco.

4. Para no aplicar un pie de página a las diapositivas con el diseño *Diapositiva de título*, active la casilla **No mostrar en diapositiva de título**.

5. Por último, puede realizar algunas acciones más en el cuadro de diálogo:

   - Clic en **Aplicar**. Se muestre el pie de página en la diapositiva seleccionada.

   - Clic en **Aplicar todo**. Se muestra el pie de página en todas las diapositivas de la presentación.

   - Clic en **Cancelar**. Se cierra el cuadro de diálogo Encabezado y pie de página sin aplicar los cambios.

Aplicar formato a los caracteres y párrafos

El *formato de texto* es aquel formato que puede ser aplicado a caracteres individuales de texto. Estos incluyen fuentes, tamaños y atributos (como negrita y subrayado, colores de fuente, entre otras opciones). Aquellos formatos que solo afectan a un párrafo entero, como la alineación o las viñetas, son llamados *formatos de párrafo*. Todas estas opciones de formato pueden ser encontradas en la pestaña Inicio, dentro de los grupos Fuente y Párrafo respectivamente.

Para aplicar formato a palabras individuales, debe seleccionar el texto y luego hacer clic en alguno de los comandos que se encuentran en el grupo Fuente. En cambio, si desea aplicar *formato de párrafo*, solo debe hacer clic en algún lugar del texto (sin necesidad de seleccionarlo), y luego hacer clic en algún comando del grupo párrafo.

Tanto el grupo *Fuente* como *Párrafo* presentan un iniciador de cuadro de diálogo. Cuando hace clic sobre él, se abrirán los cuadros de diálogo **Fuente** y **Párrafo** respectivamente. En cada uno de estos cuadros de diálogo encontrará comandos que no aparecen en la cinta de opciones. Una buena práctica del uso de estos cuadros de diálogo es que puede aplicar varios formatos a la vez.

Una manera de aplicar formatos rápidamente a sus textos es usar la *Minibarra de herramientas*. La Minibarra de herramientas presenta comandos comunes de los grupos fuente y párrafo, y aparece flotando cuando selecciona un texto o hace clic derecho sobre él.

Para cambiar el tipo de fuente

1. Seleccione el texto y, desde el grupo **Fuente** o **Minibarra de herramientas**, clic en el desplegable **Fuente** y haga clic en el tipo de fuente que quiera.

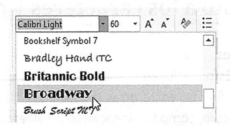

Para aumentar o disminuir el tamaño de fuente

1. Seleccione el texto y realice alguna de estas acciones:

   - Desde el grupo **Fuente** o la **Minibarra de herramientas**, clic en la flecha desplegable **Tamaño de fuente** y seleccione el tamaño que necesite.

o

Clic en el cuadro **Tamaño de fuente**, escriba el nuevo tamaño y pulse *Enter*.

- Desde el grupo **Fuente** o la **Minibarra de herramientas**, clic en los botones **Aumentar tamaño de fuente** o **Disminuir tamaño de fuente**.

Para aplicar atributos a sus textos

1. Seleccione el texto y realice alguna de estas acciones:

- En la pestaña **Inicio**, grupo **Fuente**, haga clic en: **Negrita**, **Cursiva**, **Subrayado**, **Sombra** o **Tachado**.

- Desde la **Minibarra de herramientas** puede aplicar: **Negrita**, **Cursiva** o **Subrayado**.

- Pulse: *Ctrl+N* (Negrita), *Ctrl+K* (Cursiva), *Ctrl+S* (Subrayado).

Para elegir un color de fuente

1. Seleccione el texto y, desde el grupo **Fuente** o la **Minibarra de herramientas**, clic en la flecha **Color de fuente**, y clic en el color de fuente que quiera.

Para cambiar mayúsculas y minúsculas

1. Seleccione el texto y, desde el grupo **Fuente** clic en el botón **Cambiar mayúsculas y minúsculas** y seleccione entre: **Tipo oración.**, **minúscula**, **MAYÚSCULAS**, **Poner En Mayúscula Cada Palabra** o **Alternar MAY/min.**

Para aplicar espaciado entre caracteres

1. Seleccione el texto y, desde el grupo **Fuente** clic en el botón **Espaciado entre caracteres** y seleccione entre: **Muy estrecho**, **Estrecho**, **Normal**, **Separado** y **Muy separado.**

Para borrar el formato

1. Seleccione el texto y, desde el grupo **Fuente** clic en el botón **Borrar todo el formato**.

Para aplicar alineación

1. Seleccione o haga clic en algún lugar del texto y realice alguna de estas acciones:

   - Desde el grupo **Párrafo**, clic en **Alinear a la izquierda**, **Centrar**, **Alinear a la derecha** o **Justificar**.

   - Desde la **Minibarra de herramientas**, clic en **Alinear a la izquierda**, **Centrar** o **Alinear a la derecha**.

   - Pulse *Ctrl+Q* (Izquierda), *Ctrl+T* (Centrar), *Ctrl+D* (Derecha) o *Ctrl+J* (Justificar)

Para cambiar la dirección del texto

1. Seleccione o haga clic en algún lugar del texto y en el grupo **Párrafo**, clic en **Dirección del texto** y seleccione entre: **Horizontal**, **Girar texto 90°**, **Girar texto 270°** o **Apilado**.

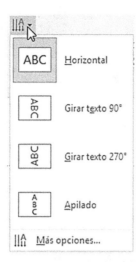

Para alinear el texto en el marcador de posición

1. Seleccione o haga clic en algún lugar del texto y en el grupo **Párrafo**, clic en **Alinear texto** y seleccione entre: **Arriba**, **Central** o **Inferior**.

Para aplicar Numeración o Viñetas

1. Seleccione o haga clic en algún lugar del texto y en el grupo **Párrafo**, realice alguna de estas acciones:

   - Clic en el botón **Viñetas** o **Numeración**.

   - Clic en la flecha del botón **Viñetas** o **Numeración**, y seleccione un formato adecuado.

Para aplicar formato de texto usando el cuadro de diálogo Fuente

1. Seleccione su texto y haga clic en el **Iniciador de cuadro de diálogo Fuente**.

2. Realice los cambios necesarios y clic en **Aceptar**.

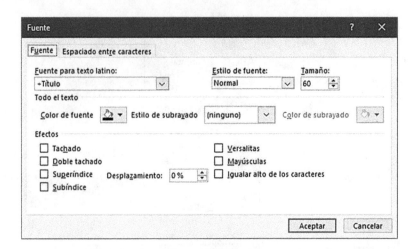

Para aplicar formato de párrafo usando el cuadro de diálogo Párrafo

1. Seleccione su texto o haga clic sobre él y clic en el **Iniciador de cuadro de diálogo Párrafo**.

2. Realice los cambios necesarios y clic en **Aceptar**.

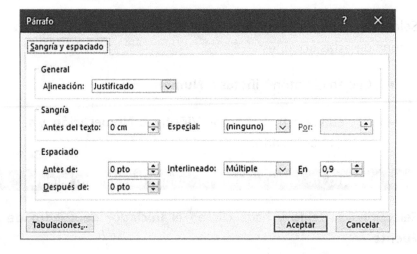

Ejercicio Paso a Paso

En este ejercicio aprenderá a aplicar formato a sus textos.

Continúe con la presentación del ejercicio anterior.

1. Seleccione la diapositiva 1 y a continuación seleccione el título *ESTRATEGIAS PEDAGÓGICAS*.

2. En la pestaña **Inicio**, en el grupo **Fuente**, clic en la flecha desplegable de **Fuente** y elija **Segoe UI**.

3. Clic en el botón **Negrita**.

4. Clic en el botón **Cambiar mayúsculas y minúsculas** y seleccione **Poner En Mayúsculas Cada Palabra**.

5. Seleccione solo el texto *Estrategias* y clic en la flecha del botón **Color de fuente** y clic en **Verde, Énfasis 4, Claro 40%**.

6. Seleccione el texto *TICenEducación* del cuadro de texto y aplique color de fuente **Verde, Énfasis 4, Claro 40%**.

7. Seleccione el subtítulo (*su nombre*) y aplique la fuente **Segoe UI Light** y desde **Tamaño de fuente**, aplique **28**.

8. En el grupo **Párrafo**, clic sobre el botón **Alinear a la derecha**.

9. Ajuste los cuadros de texto para que mejorar el diseño.

10. Active la diapositiva 2 y seleccione el texto del primer cuadro de texto.

11. Desde el grupo **Párrafo**, clic en el botón **Centrar**.

12. Realice la misma técnica para los otros cuadros de texto y cambie su posición para mejorar el diseño.

13. Active la diapositiva 5, seleccione el texto del título y aplique:

- Fuente Segoe UI Light

- Atributo Negrita

- Tamaño 72

- Alineación centrada

14. Seleccione el texto de la parte inferior y aplique:

- Fuente Segoe UI Light

- Tamaño 28

- Color de fuente Blanco, fondo 1

- Alineación Centrada

- Clic en el botón Viñetas para desactivar la viñeta aplicada por defecto.

15. Guarde los cambios.

Deje abierto la presentación, lo usará en el próximo ejercicio.

Aplicar efectos de texto WordArt

En versiones anteriores de Office, la característica de WordArt era bastante simple y no muy agradable a los ojos de la audiencia. Desde hace algunas versiones, WordArt ha evolucionado y se ha convertido en una herramienta infaltable para aplicar formatos espectaculares a sus textos y que estos puedan resaltar en su presentación.

WordArt toma como base un texto normal, con su respectivo tipo de fuente y tamaño, para convertirse en un texto que contiene un color de relleno, color de contorno, efectos de texto, giros 3D, entre otras características. Para aplicar un WordArt, basta con seleccionar el texto y elegir un estilo de WordArt predefinido, o en el mejor de los casos, personalizarlo a su gusto.

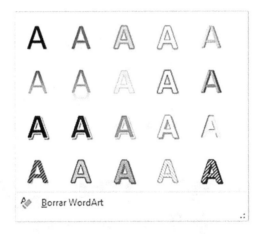

También puede insertar un texto de WordArt directamente en un cuadro de texto independiente y luego personalizarlo si es necesario o dejarlo tal y como está.

Cuando está trabajando en un texto con WordArt, se activa la pestaña contextual **Herramientas de dibujo**, con su respectiva pestaña **Formato**. Desde esta pestaña podrá acceder a todas las herramientas necesarias para aplicar formato personalizado.

El grupo **Estilos de WordArt** incluye muchas herramientas para aplicar formatos personalizados a sus textos. Puede aplicar un color de relleno sólido, un degradado, una imagen o una textura. También puede aplicar formato al contorno del texto, ya sea con un color o engrosando el contorno. Además, en **Efectos de texto**, podrá aplicar diversos efectos prestablecidos como sombras, reflexiones, iluminados, biselados, giros en 3D y transformaciones. Estas últimas son muy parecidas al WordArt de antaño.

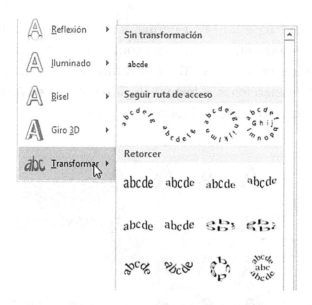

Las opciones de WordArt de antaño aún se encuentran disponibles si abre un documento con compatibilidad en formato .PPT. Véase Guardar una presentación con compatibilidad en el Capítulo 2: Trabajar con Presentaciones.

Para aplicar un estilo de WordArt a un texto existente

1. Seleccione el texto que quiera aplicar formato.

2. Desde la pestaña contextual **Herramientas de dibujo**, clic a la pestaña **Formato**, y en el grupo **Estilos de WordArt**, clic en el botón **Más** de la galería de estilos de WordArt.

3. Dentro de la galería, clic en el estilo de WordArt que quiera.

Para insertar un texto WordArt independiente

1. En la pestaña **Insertar**, en el grupo **Texto**, clic sobre el botón **WordArt**.

2. En la galería de **WordArt**, clic en el estilo de WordArt que quiera. Se insertará el texto *Espacio para el texto* con el estilo de WordArt elegido y en su propio cuadro de texto.

3. Reemplace el texto por el que quiera.

Para personalizar el formato de WordArt

1. Seleccione el cuadro de texto o el texto WordArt.

2. Desde la pestaña contextual **Herramientas de dibujo**, clic a la pestaña **Formato**, y en el grupo **Estilos de WordArt**, realice alguna de estas acciones:

   - Clic en el botón **Más** y seleccione otro estilo de WordArt.

   - Clic en el botón **Más** y clic en **Borrar WordArt** para borrar el formato.

   - Clic en **Relleno de texto** y seleccione un color de relleno, o una **Imagen**, un **Degradado** o una **Textura**.

   - Clic en **Contorno de texto** y seleccione un color de contorno, o aplique un **Grosor** y un estilo de **Guion**.

   - Clic en **Efectos de texto** y seleccione una **Sombra**, **Reflexión**, **Iluminado**, **Bisel**, **Giro 3D** o **Transformación**.

Ejercicio Paso a Paso

En este ejercicio aprenderá a insertar y personalizar textos con estilo WordArt.

Continúe con la presentación del ejercicio anterior.

1. Active la diapositiva 3 y desde la pestaña **Insertar**, en el grupo **Texto**, clic en **WordArt**.

2. Seleccione el cuarto estilo de la segunda fila.

   Se inserta un cuadro de texto con un texto WordArt prestablecido.

3. Escriba: *TIC*

4. Seleccione el texto *TIC* y desde la pestaña **Inicio**, en el grupo **Fuente**, aplique un tamaño de texto de **199**.

5. Posicione el cuadro de texto en el medio de la imagen del planeta tierra, tal como lo muestra la siguiente imagen.

6. Seleccione el texto *TIC* y desde la pestaña contextual **Herramientas de dibujo**, en la pestaña **Formato**, dentro del grupo **Estilos de WordArt**, clic en **Efectos de texto**.

7. Señale **Iluminado** y clic en **18 puntos, oro, Color de énfasis 4**.

8. Guarde los cambios y cierre su presentación.

Insertar Tablas

Una manera de presentar ordenadamente sus datos es a través de una tabla. Una tabla no es más que una cuadrícula de filas y columnas donde podrá insertar sus textos, organizarlos y darles formato.

Independientemente de si una diapositiva tiene o no marcadores de posición, siempre podrá insertar tablas. Cuando inserta una tabla, deberá elegir la cantidad de filas y columnas que esta tendrá. Por otro lado, el formato que tiene una tabla, está basado al tema elegido en su presentación, pero puede ser cambiado si lo requiere.

Libros/Meses	Enero	Febrero	Marzo
Windows 10 Paso a Paso	53	138	325
Excel 2016 Paso a Paso	125	155	482
PowerPoint 2016 Paso a Paso	140	189	225

Si ya tiene una tabla creada en Word o Excel, puede utilizar la técnica de copiar y pegar para insertarla en su diapositiva. Esto ahorra mucho tiempo evitando que tenga que crear una tabla desde cero. Cuando pega la tabla desde otro origen, aparecerá el botón **Opciones de pegado** y podrá elegir entre las siguientes opciones:

- **Usar estilos de destino:** Esta es la opción por defecto. Este aplica fuentes, colores y efectos basados en el tema de diapositiva elegido.

- **Mantener formato de origen:** Esta opción retiene el formato original de la tabla.

- **Insertar:** Esta opción inserta una imagen de la tabla y está vinculada al documento o libro de origen. Si hace doble clic sobre él, la tabla se volverá editable con las herramientas de la aplicación de origen.

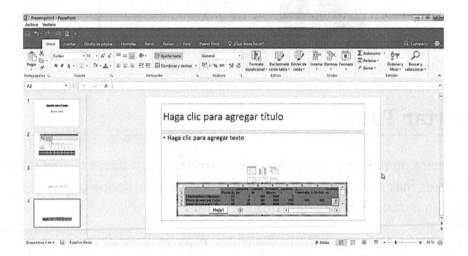

- **Imagen:** Esta opción pega una tabla en modo de imagen por lo que no la hace editable.

- **Conservar solo texto:** Esta opción inserta solo el texto sin formato.

Para insertar una tabla

1. Realice alguna de estas acciones:

   - En la pestaña **Insertar**, en el grupo **Tablas**, clic en **Tabla**. A continuación, señale la cuadrícula de celdas para verificar la dimensión de su tabla, por ejemplo, **Tabla 4x2**. Si ya decidió, clic en la cuadrícula elegida.

- En la pestaña **Insertar**, en el grupo **Tablas**, clic en **Insertar tabla.** Seleccione el número de filas y columnas a insertar y clic en **Aceptar**.

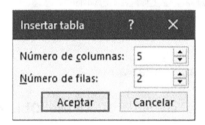

- En el marcador de posición de texto y objeto, clic en el icono de tabla para abrir el cuadro de diálogo **Insertar tabla**. Seleccione el número de filas y columnas a insertar y clic en **Aceptar**.

Para copiar una tabla desde Word o Excel hacia PowerPoint

1. Seleccione la tabla desde el documento o libro de origen.

2. Realice una copia de la tabla realizando alguna de estas acciones:

   - En la pestaña **Inicio**, en el grupo **Portapapeles**, clic en **Copiar**.

   - Clic derecho sobre la tabla y clic en **Copiar**.

   - Pulse *Ctrl+C*.

3. En la diapositiva de PowerPoint, pegue la tabla realizando alguna de estas acciones:

   - En la pestaña **Inicio**, en el grupo **Portapapeles**, clic en **Pegar**.

   - Clic derecho sobre la tabla y clic en **Pegar**.

   - Pulse *Ctrl+V*.

4. Clic en el botón **Opciones de pegado** y seleccione alguna de las opciones.

Para editar una tabla vinculada

1. Realice alguna de estas acciones:

   - Doble clic sobre la tabla.

   - Clic derecho en la tabla, señale **Objeto Document** u **Objeto Worksheet**, y seleccione **Edición**.

2. Clic en un espacio libre de la diapositiva para dejar de editar.

Para mover una tabla dentro de la diapositiva

1. Clic sobre la tabla para seleccionarla.

2. Clic sin soltar sobre el borde la tabla y arrástrelo por la diapositiva hacia una nueva posición.

Para ingresar texto

1. Clic dentro de una celda e ingrese el texto que quiera.

Para moverse a través de las celdas

1. Pulse la tecla *Tab* para ir de celda en celda.

Aplicar formato a su tabla

Cuando inserta una tabla dentro de una diapositiva, o si pega una tabla desde otro origen, la tabla toma el esquema de color del tema que se ha aplicado a la presentación. El formato de una tabla tiene a la primera fila con un relleno azul pronunciado para dar énfasis a los encabezados. Las demás filas, tienen un formado de bandas para ayudar a los usuarios a distinguir entre filas separadas de información. Si este formato no es de su agrado, siempre tendrá la opción de personalizarlo a su gusto.

Cuando selecciona una tabla, se activará la pestaña contextual **Herramientas de tabla**, junto a sus pestañas **Diseño** y **Presentación**. Puede utilizar la pestaña **Diseño** para aplicar un estilo diferente de tabla y aplicar formatos individuales a las celdas y textos. Por otro lado, puede usar la pestaña **Presentación** para insertar o eliminar filas y columnas, alinear los textos y ajustar el tamaño de las celdas.

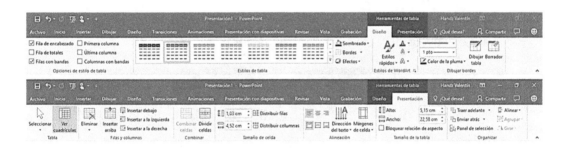

Para activar la pestaña contextual Herramientas de tabla

1. Clic en cualquier parte de la tabla para seleccionarla.

Para cambiar el estilo de tabla

1. Clic en la pestaña contextual **Diseño**, y en el grupo **Estilos de tabla**, clic en el botón **Más**.

2. Clic en alguna opción de la galería **Estilo de tabla**.

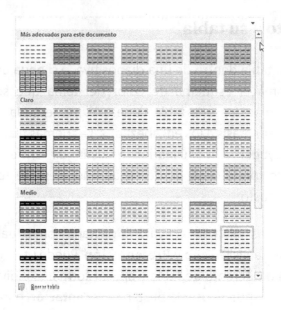

Para activar o desactivar los estilos de filas y columnas

1. Clic en la pestaña contextual **Diseño**, y en el grupo **Opciones de estilos de tabla**, active o desactive las casillas de verificación.

Para aplicar bordes a la tabla

1. En la pestaña **Diseño**, en el grupo **Estilos de tabla**, clic en la flecha del botón **Bordes**.

2. Seleccione alguna de las opciones de bordes.

Para insertar filas y columnas

1. Clic en alguna de las celdas desde donde quiere insertar filas y/o columnas.

2. En la pestaña contextual **Presentación**, en el grupo **Filas y columnas**, haga clic en alguno de estos botones:

   - **Insertar arriba**

   - **Insertar debajo**

   - **Insertar a la izquierda**

   - **Insertar a la derecha**

Para eliminar filas o columnas

1. Realice alguna de estas acciones:

   - Clic en alguna de las celdas desde donde quiere eliminar filas y/o columnas.

   - Seleccione la fila o columna entera que desea eliminar.

2. En la pestaña contextual **Presentación**, en el grupo **Filas y columnas**, clic en **Eliminar**.

3. Clic en **Eliminar filas** o **Eliminar columnas** según corresponda.

Para eliminar la tabla entera

1. En la pestaña contextual **Presentación**, en el grupo **Filas y columnas**, clic en **Eliminar**.

2. Clic en **Eliminar tabla**.

Para combinar celdas

1. Seleccione las celdas que serán combinadas.

2. En la pestaña contextual **Presentación**, en el grupo **Combinar**, clic en **Combinar celdas**.

Para aplicar dirección del texto

1. Seleccione el texto.

2. En la pestaña contextual **Presentación**, en el grupo **Alineación**, clic en **Dirección del texto**.

3. Seleccione alguna de estas opciones:

   - **Horizontal**

   - **Girar texto 90°**

   - **Girar texto 270°**

   - **Apilado**

Ejercicio Paso a Paso

En este ejercicio aprenderá a insertar y añadir textos a una tabla. Además, aprenderá a aplicar formato y por último, insertar filas y columnas para organizar mejor la información.

Abrir la presentación Tablas.pptx.

1. Active la diapositiva 6, y en el marcador de posición de texto, clic en el icono **Tablas**.

   Se abre el cuadro de diálogo **Insertar tabla**.

2. Dentro del cuadro de diálogo **Insertar tabla**, en el campo **Número de columnas**, ingrese el número 7 y en el campo **Número de filas**, ingrese el número 5.

3. Clic en **Aceptar**.

   Se inserta en la diapositiva una tabla de 7 columnas por 5 filas. El formato de la tabla está basado en el tema *Office*, que es el tema por defecto.

   La primera fila tiene un formato diferente ideal para añadir los encabezados de la tabla.

4. En la primera celda de la primera fila, escriba: `Actividades`.

5. Pulse la tecla `Tab` para ir a la siguiente celda a la derecha y escriba: `Podcast`.

6. Pulsando la tecla `Tab` para moverse entre celda y celda, continúe añadiendo los siguientes textos: `Infografía`, `Vídeo`, `Geolocalización`, `Mapas mentales`, `Nube`.

   No se preocupe si el texto no cabe en la celda, podrá modificarlo más adelante en el ejercicio.

   Mientras está escribiendo en su tabla, se acaba de activar la pestaña contextual **Herramientas de tabla** junto a sus pestañas **Diseño** y **Presentación**.

7. La primera columna también la usaremos como encabezados, por ello, clic en la pestaña contextual **Diseño**, y en el grupo **Opciones de estilo de tabla**, active la casilla **Primera columna**.

   La primera columna de la tabla ahora presenta el mismo formato que la primera fila.

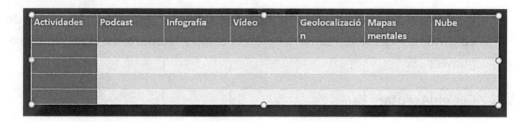

Actividades	Podcast	Infografía	Vídeo	Geolocalización	Mapas mentales	Nube

8. En las celdas en blanco de la primera columna, agregue los siguientes textos: *Discusiones*, *Documentar proyectos*, *Filtrar y organizar información*, *Portafolio*.

   La tabla ya tiene gran parte de la información, sin embargo, deberá agregar más columnas y filas.

9. Haga clic en cualquier parte del texto *Podcast*, y desde la pestaña contextual **Presentación**, en el grupo **Filas y columnas**, clic en **Insertar a la izquierda**.

   Se inserta una nueva columna a la izquierda de *Podcast*.

10. En el encabezado nuevo, escriba: *Blogs*.

11. Clic en cualquier parte del texto *Nube*, y clic en el botón **Insertar a la derecha**.

12. Escriba en el nuevo encabezado: *E-Book*.

13. Entre los encabezados *Vídeo* y *Geolocalización*, inserte una columna nueva y agregue como encabezado: *Presentación*.

14. Haga clic en cualquier parte del texto *Discusiones*, clic en el botón **Insertar arriba** y escriba: *Compartir recursos*.

15. Clic en cualquier parte del texto *Portafolio*, clic en el botón **Insertar debajo** y escriba: *Resúmenes*.

16. Clic en cualquier parte de la tabla, y desde la pestaña contextual **Presentación**, en el grupo **Tabla**, clic en **Seleccionar** y clic en **Seleccionar tabla**.

    La tabla completa ha sido seleccionada. Esto es ideal para aplicar formato a todos los textos.

17. Desde la pestaña **Inicio**, en el grupo **Fuente**, aplique un tamaño de fuente de **20**ptos.

    Los textos dentro de la tabla se reducen.

18. Clic en cualquier texto de los encabezados de la primera fila, y en la pestaña contextual **Presentación**, en el grupo **Tabla**, clic en **Seleccionar** y clic en **Seleccionar fila**.

    Toda la primera fila se selecciona.

19. En la misma pestaña, en el grupo **Tamaño de celda**, clic en el cuadro **Alto de fila de tabla** y aplique **5,2cm**.

20. En el grupo **Alineación**, clic en **Dirección del texto** y seleccione **Girar texto 270°**.

21. En el mismo grupo, clic en el botón **Centrar** y clic en el botón **Centrar verticalmente**.

22. Por último, clic en la pestaña contextual **Diseño**, y en el grupo **Estilos de tabla**, clic en el botón **Más** para expandir la galería. Seleccione el **Estilo claro 1 – Acento 4**.

23. Haga clic fuera de la tabla para ver su diseño.

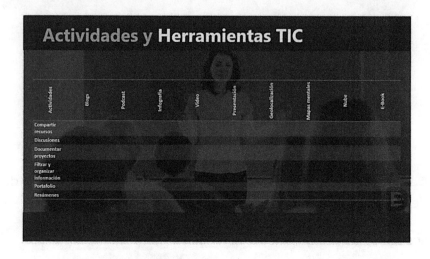

24. Guarde los cambios y cierre su presentación.

Capítulo 5: Insertar Imágenes, Formas e Iconos

En este capítulo aprenderá a:

- Insertar imágenes e iconos

- Dibujar diversos diseños de formas

- Aplicar formato a las imágenes, formas e iconos

- Insertar un álbum de fotografías

> *Use la carpeta Capítulo5 para los ejercicios de este capítulo.*

Durante los últimos años, las presentaciones se han vuelto más atractivas y sofisticadas visualmente. Han pasado los días en los que el presentador tenía que leer una lista con viñetas a la audiencia, provocando que una presentación sea bastante aburrida.

Las buenas presentaciones son probablemente las que presentan menos palabras y más elementos gráficos. En PowerPoint, puede insertar imágenes, formas, iconos y otros objetos gráficos para reforzar su mensaje.

En este capítulo, aprenderá a insertar imágenes locales y en línea, dibujará formas e insertará iconos. Además, conocerá las diversas herramientas que tiene PowerPoint para aplicar formato a estos objetos gráficos.

Insertar imágenes

PowerPoint acepta casi todos los tipos de formatos de imagen, o al menos los más utilizados. Estas imágenes pueden estar guardados en su disco duro local o pueden descargarse directamente desde la Web, o inclusive ser capturadas. Todas estas opciones las encontrará en la pestaña **Insertar**, dentro del grupo **Imágenes**.

Cuando tiene imágenes o fotografías guardadas en el equipo o en un dispositivo de almacenamiento extraíble, puede hacer clic sobre el botón **Imágenes** para abrir el cuadro de diálogo **Insertar imagen**. Navegue hasta la carpeta o unidad donde se encuentran sus imágenes, seleccione la imagen adecuada y clic en **Insertar**. Esta acción debería incrustar la imagen en la diapositiva.

Una imagen incrustada en la diapositiva significa que el objeto se guarda junto con el archivo, dando la posibilidad de llevar la presentación a otro lugar sin preocuparnos por llevar la imagen original. Sin embargo, PowerPoint le da la opción de elegir otras formas de inserción. Mientras está en el cuadro de diálogo **Insertar imagen**, el botón **Insertar** tiene una pequeña flecha a la derecha que, al hacer clic, se despliega un menú con las siguientes opciones:

- **Insertar:** Es la opción por defecto, incrusta la imagen dentro de la presentación.

- **Vincular al archivo:** Permite enlazar la imagen con la presentación. Si la imagen sufre algún cambio, estos se verán reflejados la próxima vez que abra la presentación. Si la imagen se elimina del lugar de origen, puede aparecer un mensaje indicando que la imagen no ha sido encontrada.

- **Insertar y vincular:** Permite insertar la imagen y vincularla a la presentación. Si hay algún cambio en la imagen estos se verán reflejados en el documento. Si la imagen es eliminada, se conservará intacta la imagen original, sin cambios en la presentación.

Si la mayoría de las imágenes que necesita para su presentación la debe descargar desde la Web, puede utilizar la búsqueda de imágenes online sin salir de PowerPoint. Haciendo clic en el botón **Imágenes en línea** se abrirá la ventana de diálogo **Insertar imágenes**. Esta ventana es bastante diferente al cuadro de diálogo para insertar imágenes locales.

Por defecto, el servicio de **Búsqueda de imágenes en Bing** está activo y presenta un cuadro de búsqueda donde podrá escribir una palabra clave y dar comienzo a la búsqueda de imágenes. Además, si tiene otros servicios conectados (Véase *Administrar su cuenta de Office* en el *Capítulo 1: Explorar PowerPoint 2016*), podrían aparecer sus imágenes en Facebook, Flickr o OneDrive Personal.

> *Las imágenes que aparecen como resultado en una búsqueda en Bing tienen licencia Creative Commons. La decisión de estos resultados es debido a que la mayoría de imágenes en la web tienen derechos de autor. Sin embargo, también puede buscar imágenes con derechos de autor si hace clic en la opción Todo.*

Otra forma de insertar una imagen en su presentación es capturándola. Desde PowerPoint puede capturar otras ventanas abiertas o parte de ellas. El botón **Captura** muestra una galería de las ventanas que están abiertas en Windows (si es que hubiese alguna), solo debe hacer clic para insertarla en la diapositiva. Además, puede usar el botón **Recortar pantalla** para seleccionar una parte de la ventana e insertarla como imagen.

Para insertar una imagen desde su equipo local o unidad extraíble

1. Clic en la pestaña **Insertar**, y en el grupo **Imágenes**, clic en el botón **Imágenes**. Se abre el cuadro de diálogo **Insertar imagen**.

2. Navegue hasta la carpeta o unidad donde se encuentran sus imágenes.

3. Seleccione una o varias imágenes que desee insertar, y clic en el botón **Insertar**.

Para insertar una imagen desde la web

1. Clic en la pestaña **Insertar**, y en el grupo **Imágenes**, clic en el botón **Imágenes en línea**. Se abre la ventana de diálogo **Insertar imágenes**.

2. En **Búsqueda de imágenes de Bing**, clic en el cuadro de búsqueda y escriba una palabra para su búsqueda, por ejemplo, `oso de anteojos`.

3. Pulse `Enter` o haga clic en el botón **Buscar** (icono de lupa). Bing mostrará en unos segundos los resultados de la búsqueda.

> *Puede hacer clic en el botón desplegable **Solo Creative Commons** y elegir la opción **Todo** para encontrar imágenes con derechos de autor.*

4. Haga clic en la imagen o imágenes que desea insertar.

5. Clic en el botón **Insertar**.

Para insertar una captura de pantalla

1. Antes de capturar, es necesario tener algunas ventanas abiertas.

2. En la pestaña **Insertar**, en el grupo **Imágenes**, clic en **Captura**.

3. Haga clic en la miniatura de ventana que desea insertar.

Para capturar una parte de la pantalla

1. Antes de capturar, es necesario tener algunas ventanas abiertas.

2. En la pestaña **Insertar**, en el grupo **Imágenes**, clic en **Captura**.

3. Haga clic en **Recorte de pantalla**. La ventana actual de PowerPoint se minimiza y activa la ventana que estaba detrás. Además, la pantalla se atenúa.

4. Clic sin soltar y realice un arrastre para seleccionar la parte de la pantalla que desea capturar. Al soltar el clic, la parte seleccionada se insertará como imagen.

Manipular las imágenes insertadas

Cuando inserta una imagen en la diapositiva, esta queda seleccionada rápidamente. Mientras una imagen esté seleccionada, se mostrarán sus controladores de redimensión (círculos huecos en las esquinas y los lados) y la pestaña contextual **Herramientas de imagen**, junto a su pestaña **Formato**.

Si es usuario de Office 365 y tiene una conexión a Internet, automáticamente las imágenes tendrán un texto alternativo y se abrirá el panel **Ideas de diseño**.

El texto alternativo es una manera de describir una imagen, ideal para personas ciegas o con baja visión. Mediante un software de lectura de pantalla, las personas podrán escuchar la descripción de estas imágenes para que puedan entender de qué se tratan. Puede dejar que PowerPoint genere un texto alternativo automático, o escribir uno personalizado.

Texto alternativo: Imagen que contiene ... ———— Texto alternativo

Otra característica interesante son las ideas de diseño. Dependiendo de la imagen insertada y del diseño de la diapositiva actual, PowerPoint intentará darle algunas ideas para sus diseños de diapositivas con imágenes. El panel **Ideas de diseño** se abrirá automáticamente y podrá elegir entre diferentes diseños de diapositivas.

141

Para seleccionar la imagen y activar la pestaña contextual Herramientas de imagen

1. Clic en la imagen para seleccionarla.

Para redimensionar la imagen

1. Señale alguno de los controladores de redimensión hasta que el puntero cambie por uno de doble flecha.

2. Clic sin soltar y realice un arrastre para aumentar o disminuir el tamaño de la imagen con alguna de estas acciones:

   - Use los controladores de las esquinas para aumentar o disminuir proporcionalmente el tamaño de la imagen.

   - Use los controladores de la izquierda o derecha para aumentar o disminuir el ancho de la imagen.

   - Use los controladores de la parte superior e inferior para aumentar o disminuir el alto de la imagen.

O

1. En la pestaña contextual **Formato**, en el grupo **Tamaño**, cambie los valores en los cuadros **Alto de forma** y **Ancho de forma**. Por defecto, al cambiar cualquiera de los valores, ambos se ajustarán para redimensionar la imagen proporcionalmente.

Para girar la imagen

1. Con la imagen seleccionada, clic sin soltar sobre el controlador de giro y realice un arrastre en diagonal para girarla.

O

1. En la pestaña **Formato**, en el grupo **Organizar**, clic en el botón **Girar** y seleccione alguna de estas opciones: **Girar 90° a la derecha**, **Girar 90° a la izquierda**, **Voltear verticalmente** y **Voltear horizontalmente**.

Para elegir una idea de diseño

1. Active el panel **Ideas de diseño** realizando alguna de estas acciones:

   - Espere a que el panel **Ideas de diseño** se active al insertar la imagen.

   - En la pestaña **Diseño**, en el grupo **Diseñador**, clic en **Ideas de diseño**.

2. Espere a que PowerPoint le muestre algunas alternativas de diseño y haga clic en alguno de los diseños disponibles.

Para añadir o cambiar un texto alternativo a las imágenes

1. Active el panel **Texto alternativo** realizando alguna de estas acciones:

   - Con la imagen insertada, espere a que se muestre una porción del texto alternativo en la parte inferior de la imagen, y haga clic sobre él.

   - Clic derecho sobre la imagen y clic en **Texto alternativo automático**.

2. En el cuadro **¿Cómo describiría esta imagen y su contexto a una persona ciega?**, lea el texto alternativo que se ha generado automáticamente o haga clic en el cuadro y edite el contenido.

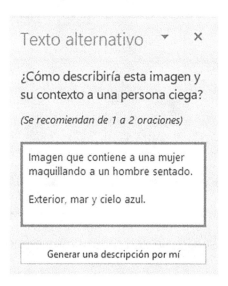

3. Si aún prefiere que PowerPoint elija un texto alternativo automático, haga clic en el botón **Generar una descripción por mí**.

Aplicar formato a las imágenes

Hoy, la mayoría de los presentadores ha optado por mostrar diapositivas gráficas en lugar de las diapositivas clásicas que incluyen solo textos. Como bien dice el dicho, "una imagen vale más que mil palabras", a veces es necesario aplicar algunos cuantos formatos a la imagen para que pueda transmitir el mensaje adecuado.

Desde la pestaña contextual **Formato**, tendrá todas las herramientas necesarias para aplicar formato a sus imágenes. Dentro de estos formatos se incluyen marcos, efectos de imagen, correcciones de color, recortes y quitar fondo. Todos estos cambios solo se aplican a la imagen insertada mas no a la imagen original.

Para aplicar un marco

1. En la pestaña contextual **Formato**, en el grupo **Estilos de imagen**, clic en el botón **Más** para expandir la galería.

2. Haga clic en alguna de las opciones de la galería.

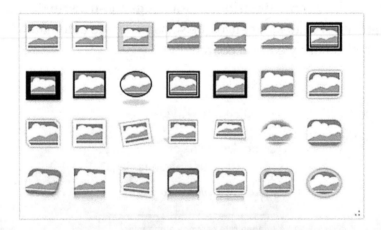

Para aplicar efectos de imagen

1. En la pestaña contextual **Formato**, en el grupo **Estilos de imagen**, clic en **Efectos de la imagen**.

2. Señale alguna de las opciones del menú **Efectos de la imagen** y haga clic sobre el efecto que quiera.

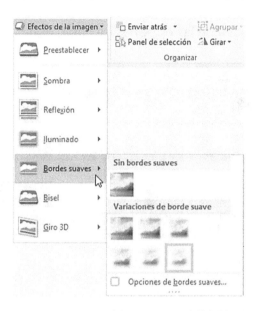

Para mejorar el brillo, contraste y nitidez

1. En la pestaña contextual **Formato**, en el grupo **Ajustar**, clic en **Correcciones**.

2. Haga clic en alguna de las opciones de corrección.

Para cambiar el color de la imagen

1. En la pestaña contextual **Formato**, en el grupo **Ajustar**, clic en **Color**.

2. Haga clic en alguna de las opciones de color.

Para añadir efectos artísticos

1. En la pestaña contextual **Formato**, en el grupo **Ajustar**, clic en **Efectos artísticos**.

2. Haga clic en alguno de los efectos artísticos que quiera.

Para recortar la imagen

1. En la pestaña contextual **Formato**, en el grupo **Tamaño**, clic en **Recortar**. La imagen muestra unos controladores de color negro muy cerca de los controladores de redimensión.

2. Clic sin soltar en alguno de los controladores negros y realice un arrastre hacia dentro de la imagen para crear el área de recorte.

3. Para terminar el recorte, realice alguna de estas acciones:

   - Haga clic fuera del área completa de la imagen. El área completa de la imagen se muestra de color gris.

   - Haga clic en el botón **Recortar**.

   - Pulse la tecla `Esc`.

Para quitar fondo a la imagen

1. En la pestaña contextual **Formato**, en el grupo **Ajustar**, clic en **Quitar fondo**. Se activa la pestaña **Eliminación del fondo** y PowerPoint intentará detectar el fondo de la imagen y lo coloreará de púrpura.

> *Si PowerPoint no ha reconocido correctamente el fondo, tendrá que editarlo manualmente para que cumpla con lo que desea.*

2. En la pestaña **Eliminación del fondo**, en el grupo **Afinar**, realice alguna de estas acciones:

- Clic en **Marcar las áreas para mantener** para que el puntero cambie por un lápiz y a continuación, deberá hacer clic en las áreas donde desea que PowerPoint no lo reconozca como fondo.

- Clic en **Marcar las áreas para quitar** para que el puntero cambie por un lápiz y a continuación, deberá hacer clic en las áreas donde desea que PowerPoint lo reconozca como fondo.

3. Una vez terminado de editar, en la pestaña **Eliminación del fondo**, dentro del grupo **Cerrar**, realice alguna de estas acciones:

- Clic en **Mantener cambios**. La edición termina y muestra su imagen con un fondo transparente.

- Clic en **Descartar todos los cambios**. La edición termina y la imagen vuelve a su estado anterior.

Para restablecer los cambios de formato

1. En la pestaña contextual **Formato**, en el grupo **Ajustar**, clic en la flecha del botón **Restablecer imagen** y realice alguna de estas acciones:

   - Clic en **Restablecer imagen**. Esta opción descarta todos los cambios de formato.

   - Clic en **Restablecer imagen y tamaño**. Esta opción descarta todos los cambios de formato y regresa la imagen a su tamaño original. Esto significa que la imagen aparecerá con su tamaño por defecto y es posible que sea más grande que la misma diapositiva.

Insertar un álbum de fotografías

El álbum de fotografías en PowerPoint es una característica útil que está diseñado como un portador de imágenes. Es ideal para crear presentaciones que contengan bastantes imágenes, por ejemplo, un catálogo de productos. Cuando crea un nuevo álbum de fotografías, esta se crea en una nueva presentación. Si hubiera otras presentaciones abiertas, estas no sufrirán ningún daño.

Utilice la carpeta Fotografías para este ejercicio.

Para crear un álbum de fotografías

1. En la pestaña **Insertar**, en el grupo **Imágenes**, clic en **Álbum de fotografías**. Se abre el cuadro de diálogo **Álbum de fotografías**.

2. Clic sobre el botón **Archivo o disco**. Se abre el cuadro de diálogo **Insertar imágenes nuevas**.

3. Dentro del cuadro de diálogo, navegue hasta la carpeta donde se encuentran sus imágenes. En este ejemplo, use la carpeta **Fotografías** que está en la carpeta **Capítulo5** de sus archivos de práctica.

4. Seleccione las imágenes que va a insertar en el álbum de fotografías realizando algunas acciones:

   - Seleccione una imagen y pulse $Ctrl+E$ para seleccionar todas las imágenes.

   - Mantenga pulsada la tecla $Ctrl$ y haga clic en las imágenes que desea insertar.

   - Haga clic en una imagen y pulsando la tecla $Shift$, haga clic en otra imagen para seleccionar un grupo de imágenes.

5. Con las imágenes ya seleccionadas, clic en el botón **Insertar**. Las imágenes se listan en el área **Imágenes del álbum**, al seleccionar alguna de las imágenes, se mostrará una miniatura en el área **Vista previa**.

6. En la sección **Opciones de imagen**, puede realizar alguna de estas acciones:

   - Activar la casilla **Título debajo de TODAS las imágenes**. Esto añade un cuadro de texto en la parte inferior de cada imagen con el nombre original del archivo.

   - Activar la casilla **TODAS las imágenes en blanco y negro**. Esta opción convierte las imágenes a una escala de grises.

7. En la sección **Diseño de álbum** realice alguna de estas opciones:

- Clic en la flecha desplegable de **Diseño de la imagen** para elegir la cantidad de imágenes que aparecerán por diapositiva y el diseño de las mismas.

- Clic en la flecha desplegable **Forma del marco** para elegir el tipo de marco que usarán todas las imágenes.

- En la etiqueta **Tema**, clic en el botón **Examinar** para abrir el cuadro de diálogo **Elegir tema**. Desde este cuadro de diálogo seleccione un tema de presentación, para este ejemplo use el tema *Retrospect (Retrospección)* y clic en **Seleccionar**.

8. Por último, clic en el botón **Crear**.

Ejercicio Paso a Paso

En el siguiente ejercicio aprenderá a insertar varias imágenes en una diapositiva. A continuación, aplicará efectos artísticos y efectos de imagen para resaltar visualmente las imágenes. Por último, insertará una imagen a la cual se le deberá quitar el fondo.

Abrir la presentación Imágenes.pptx.

1. Active la diapositiva 6, y desde la pestaña **Insertar**, en el grupo **Imágenes**, clic en **Imágenes**.

   Se abre el cuadro de diálogo **Insertar imagen**.

2. Navegue hasta su carpeta **Capítulo5** y luego ingrese a la carpeta **Mis Imágenes**.

3. Manteniendo pulsada la tecla *Ctrl*, haga clic en las imágenes **Blogger.png**, **Facebook.png**, **Googleplus.png**, **Twitter.png** y **Youtube.png**.

4. Clic en **Insertar**.

   Las imágenes se insertan en la diapositiva 6 y quedan seleccionadas.

5. En la pestaña contextual **Formato**, en el grupo **Tamaño**, haga clic en el cuadro **Ancho** o **Alto**, y escriba *3.75* y pulse *Enter*.

   Todas las imágenes cambian a un tamaño de **3.75 cm**.

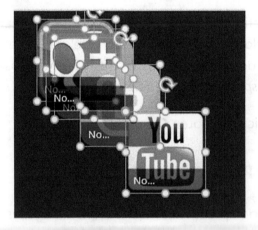

6. Haga clic derecho sobre un espacio libre en la diapositiva, señale **Cuadrícula y guías**, y clic en **Líneas de cuadrícula**.

   Se añade una cuadrícula ideal para posicionar correctamente las imágenes.

7. Intente colocar las imágenes ubicándolas en la parte superior de la diapositiva tal como lo muestra la siguiente imagen.

8. Haga clic en la imagen del logotipo de YouTube, y en la pestaña contextual **Formato**, en el grupo **Ajustar**, clic en **Efectos artísticos**. Seleccione la opción **Escala de grises con lápiz**.

9. En el grupo **Estilos de imagen**, clic sobre **Efectos de la imagen**.

10. Señale **Reflexión** y clic sobre la opción **Reflejo total: Desplazamiento de 8ptos**.

11. Aplique los mismos formatos a todas las demás imágenes.

12. Active la diapositiva 7 e inserte la imagen **Lap.png**.

13. Con la imagen seleccionada, en la pestaña contextual **Formato**, en el grupo **Ajustar**, clic en **Quitar fondo**.

    PowerPoint intentará reconocer el fondo de la imagen y la colorea en púrpura.

14. En la pestaña **Eliminación del fondo**, en el grupo **Afinar**, clic sobre el botón **Marcar las áreas para mantener**.

    El puntero cambia por un lápiz.

15. Con el lápiz, haga clic sobre las partes que PowerPoint reconoció como fondo pero que desea mantener en la imagen. En el ejercicio, serán las esquinas de la Notebook.

16. En el grupo **Cerrar**, clic en **Mantener cambios**.

17. De ser necesario, desactive las líneas de cuadrícula.

18. Guarde los cambios y cierre su presentación.

Dibujar formas

PowerPoint llega con un conjunto de herramientas de dibujo que le permiten crear líneas y figuras en su diapositiva. Los gráficos que crea con estas herramientas son llamados *formas*.

Estas herramientas de dibujo le permiten crear gráficos vectoriales basados en líneas, y cada uno de ellos funcionan como objetos separados en la diapositiva. Sin embargo, podrá agruparlos y/o combinarlos para crear formas más complejas para luego darles formato, moverlos y redimensionarlos como si fueran una sola unidad.

Desde el grupo **Ilustraciones**, en la pestaña **Insertar**, puede hacer clic sobre el botón desplegable **Formas** y elegir entre una gran variedad de líneas, figuras, flechas, estrellas, llamadas y hasta botones de acción. A excepción de las líneas, todas las formas son también cuadros de texto, por lo que podrá añadir el texto que desea.

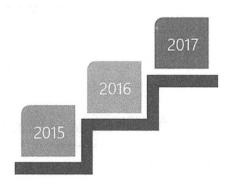

Aprenderá sobre los botones de acción más adelante en este capítulo.

Cuando dibuja una forma en la diapositiva, esta queda seleccionada automáticamente. Mientras la forma esté seleccionada, podrá moverla hacia cualquier posición dentro de la diapositiva o fuera de ella. Además, podrá ver 8 controladores de redimensión, 1 controlador de giro, y en algunos casos, un controlador de ángulo.

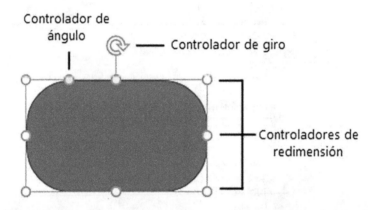

Para dibujar una forma en una diapositiva

1. En la pestaña **Insertar**, en el grupo **Ilustraciones**, clic sobre el botón **Formas**.

2. En la galería de formas, haga clic en la forma que necesite. El puntero cambia por un signo **Más**.

3. Con la forma elegida, realice alguna de estas acciones:

   - Clic en algún lugar de la diapositiva. Esta acción inserta una forma con un tamaño por defecto.

   - Clic sin soltar en algún lugar de la diapositiva y realice un arrastre diagonal para dibujar la forma.

Para agregar texto a una forma

1. Realice alguna de estas acciones:

- Seleccione la forma y escriba el texto que quiere añadir a la forma.

- Clic derecho sobre la forma seleccionada y clic en **Editar texto**. A continuación, escriba el texto que quiere añadir a la forma.

Para seleccionar una o varias formas

1. Realice alguna de estas acciones:

   - Clic sobre la forma para seleccionarla.

   - Mantenga pulsada la tecla *Shift* o *Ctrl* y haga clic en las formas que desee seleccionar.

   - Manteniendo pulsado clic en un espacio libre de la diapositiva, realice un arrastre para abarcar las formas que desea seleccionar. Al final, suelte el clic.

Para redimensionar la forma

1. Señale alguno de los controladores de redimensión hasta que el puntero cambie por uno de doble flecha.

2. Clic sin soltar y realice un arrastre para aumentar o disminuir el tamaño de la forma con alguna de estas acciones:

- Use los controladores de las esquinas para aumentar o disminuir proporcionalmente el tamaño de la forma.

- Use los controladores de la izquierda o derecha para aumentar o disminuir el ancho de la forma.

- Use los controladores de la parte superior e inferior para aumentar o disminuir el alto de la forma.

O

1. En la pestaña contextual **Formato**, en el grupo **Tamaño**, cambie los valores en los cuadros **Alto de forma** y **Ancho de forma**.

Para girar una forma

1. Con la forma seleccionada, clic sin soltar sobre el controlador de giro y realice un arrastre en diagonal para girarla.

O

1. En la pestaña **Formato**, en el grupo **Organizar**, clic en el botón **Girar** y seleccione alguna de estas opciones: **Girar 90° a la derecha**, **Girar 90° a la izquierda**, **Voltear verticalmente** y **Voltear horizontalmente**.

Para mover una forma a otra ubicación

1. Seleccione la forma y realice un arrastre hacia otro lugar en la diapositiva.

Para cambiar el ángulo de la forma

1. Si la forma tiene un controlador de ángulo, haga clic en el controlador y realice un arrastre hacia arriba o abajo, o en diagonal.

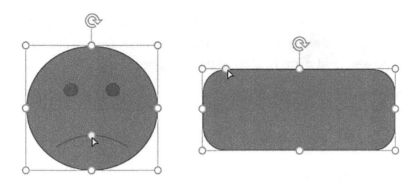

Cambiar las formas

Las formas pueden moverse o personalizarse de manera individual o en grupo. Cuando selecciona varias formas a la vez, estas se agrupan temporalmente. Podrá realizar cualquier personalización y todas las formas se verán afectadas. Sin embargo, cuando seleccione otro objeto en la diapositiva, las formas volverán a ser individuales.

Para mantener agrupadas las formas seleccionadas, puede usar la opción **Agrupar**. Mientras estén agrupadas, funcionarán como una unidad. Cuando ya no necesite trabajar con el grupo, solo deberá desagrupar las formas.

Si la galería de Formas no tiene suficientes figuras para sus necesidades, puede utilizar las opciones del comando **Combinar formas** para crear sus propias figuras. Por ejemplo, puede colocar una figura de nube y dentro de ella una figura de rayo, seleccionar ambas figuras y elegir la opción **Combinar**. Esta acción hace que la forma del rayo sea un espacio hueco en la forma de la nube.

Dos formas listas para ser combinadas

Nueva forma creada a partir de combinar dos formas

Si ya ha insertado algún texto dentro de una forma y decide que la forma elegida no es la adecuada, puede usar el botón **Editar forma** para luego cambiarla por otra. Este cambio no afecta al texto ni al formato aplicado.

Para agrupar formas

1. Seleccione las formas que desee agrupar.

2. Realice alguna de estas acciones:

   - En la pestaña contextual **Formato**, en el grupo **Organizar**, clic en **Agrupar** y seleccione **Agrupar**.

   - Clic derecho sobre alguna de las formas seleccionadas, señale **Agrupar**, y clic en **Agrupar**.

Para desagrupar formas

1. Seleccione el grupo y realice alguna de estas acciones:

   - En la pestaña contextual **Formato**, en el grupo **Organizar**, clic en **Agrupar** y seleccione **Desagrupar**.

   - Clic derecho sobre alguna de las formas seleccionadas, señale **Agrupar**, y clic en **Desagrupar**.

Para reagrupar formas

1. Seleccione cualquiera de las formas que antes estuvieron agrupadas y realice alguna de estas acciones:

   - En la pestaña contextual **Formato**, en el grupo **Organizar**, clic en **Agrupar** y seleccione **Reagrupar**.

   - Clic derecho sobre alguna de las formas seleccionadas, señale **Agrupar**, y clic en **Reagrupar**.

Para crear formas nuevas

1. Posicione las formas de acuerdo a la nueva forma que desea crear. Para este ejemplo, puede posicionar dos círculos

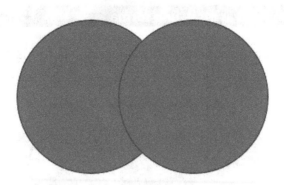

2. Seleccione las formas.

3. En la pestaña contextual **Formato**, en el grupo **Insertar formas**, clic en **Combinar formas**.

4. Elija entre alguna de las siguientes opciones:

    •   **Unión**. Combina las áreas de ambas formas y toma el formato de la forma superior.

    •   **Combinar**. Incluye las áreas donde una de las dos formas aparece, pero excluye las áreas donde ambas formas se superponen.

    •   **Fragmentar**. Combina las áreas de ambas formas, pero divide las formas superpuestas en varias piezas.

    •   **Intersecar**. Incluye solo las áreas donde la forma superior se superpone a la forma inferior.

    •   **Restar**. Incluye solo las áreas donde la forma superior no superpone la forma inferior.

Para traer adelante o llevar atrás una forma

1. Si hay varias formas superpuestas, seleccione la forma que desee mover.

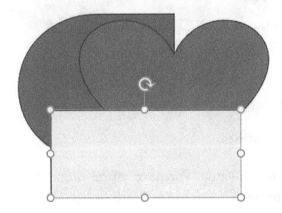

2. En la pestaña contextual **Formato**, en el grupo **Organizar**, realice alguna de estas acciones:

   • Clic en **Enviar atrás**. Coloca la forma un nivel hacia atrás de otro objeto.

   • Clic en la flecha **Enviar atrás** y clic en **Enviar al fondo**. Posiciona la forma detrás de todos los objetos.

   • Clic en **Traer adelante**. Coloca la forma un nivel adelante de otro objeto.

   • Clic en la flecha **Traer adelante** y clic en **Traer al frente**. Posiciona la forma delante de todos los objetos.

Para cambiar la forma y mantener el texto

1. Con la forma seleccionada, clic en la pestaña contextual **Formato**, y en el grupo **Insertar formas**, clic en **Editar forma**.

2. Señale **Cambiar forma**, y clic en la forma que desea.

Aplicar formato a las formas

Cuando una forma es seleccionada, la pestaña contextual **Herramientas de dibujo**, junto a su pestaña **Formato** aparecen en la cinta de opciones. Desde esta pestaña puede aplicar dos tipos de formato: para la *forma* y para el *texto* dentro de la forma.

El grupo **Estilos de forma** presenta una galería de estilos con formatos prestablecidos que puede aplicar a una forma con tan solo un clic. Si desea un formato personalizado, puede aplicar un color de relleno, un color de contorno, o algunos efectos para la forma.

De la misma manera, se puede aplicar formatos al texto que está incluido en una forma, estos formatos son los mimos estilos de WordArt que se aplican a cualquier texto en un marcador de posición. (Véase *Aplicar efectos de texto WordArt* en el *Capítulo 4: Ingresar y dar formato al texto*).

> *Tenga en cuenta que los marcadores de posición también son considerados Formas.*

Por otro lado, desde el grupo **Insertar formas** puede insertar nuevas formas -y hasta cuadros de texto- a su diapositiva sin necesidad de volver a la pestaña Insertar.

Para aplicar un estilo de forma

1. Con la forma seleccionada, clic en la pestaña contextual **Formato**, y en el grupo **Estilos de forma**, clic en el botón **Más**. Se despliega la galería de estilos de forma.

2. Haga clic en el estilo que desea.

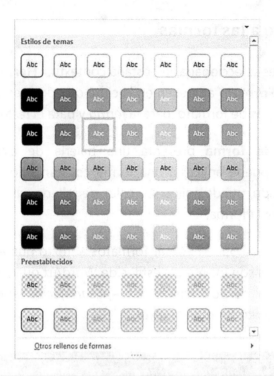

Para aplicar un relleno de forma

1. En el grupo **Estilos de forma**, clic en la flecha del botón **Relleno de forma**.

2. Desde el menú desplegable realice alguna de estas acciones:

   - Haga clic en el color que desee.

   - Haga clic en la opción **Sin relleno** para dejar el relleno transparente.

   - Haga clic en **Más colores de relleno** para abrir el cuadro de diálogo **Colores** y elegir otros tipos de colores.

   - Clic en **Cuentagotas** y el puntero cambiará por un gotero. Si hay otro objeto que tenga algún color, haga clic con el gotero sobre ese color para que la forma tome el color seleccionado.

   - Clic en **Imagen** para abrir el cuadro de diálogo **Insertar imagen**. Desde el cuadro de diálogo. seleccione una imagen que irá como relleno en la forma.

- Señale la opción **Degradado** o **Textura** y elija la opción que desea.

Para aplicar un contorno de forma

1. En el grupo **Estilos de forma**, clic en la flecha del botón **Contorno de forma**.

2. Desde el menú desplegable realice alguna de estas acciones:

   - Haga clic en el color que desee.

   - Haga clic en la opción **Sin contorno** para quitar el color de contorno.

   - Haga clic en **Más colores del contorno** para abrir el cuadro de diálogo **Colores** y elegir otros tipos de colores.

   - Clic en **Cuentagotas** y el puntero cambiará por un gotero. Si hay otro objeto que tenga algún color, haga clic con el gotero sobre ese color para que el contorno de la forma tome el color seleccionado.

   - Señale **Grosor** y seleccione un grosor adecuado para el contorno.

   - Señale **Guiones** y seleccione un estilo de guion para el contorno.

   - Señale **Flechas** y seleccione un estilo de flecha para las formas del tipo líneas.

Para aplicar efectos de forma

1. En el grupo **Estilos de forma**, clic en **Efectos de forma**.

2. Señale alguna de las opciones y clic en el efecto que desea.

Para insertar una nueva forma

1. En el grupo **Insertar formas**, clic en el botón **Más** de la galería de formas.

2. Haga clic en la forma que desea y luego inserte o dibuje la forma en la diapositiva.

Para insertar un nuevo cuadro de texto

1. En el grupo **Insertar formas**, clic en el botón **Cuadro de texto**.

2. Inserte o dibuje el cuadro de texto en la diapositiva.

Ejercicio Paso a Paso

En este ejercicio aprenderá a insertar formas. Empezará insertando dos líneas para luego cambiarles el formato. Después, insertará una forma de llamada para añadir texto dentro de ella. Por último, aplicará algunos estilos de forma y de WordArt.

Abrir la presentación Formas.pptx.

1. Con la diapositiva 1 activa, en la pestaña **Insertar**, en el grupo **Ilustraciones**, haga clic en **Formas**.

2. En la sección **Líneas**, haga clic en **Línea**.

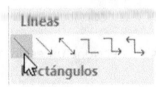

3. Para dibujar una línea recta, mantenga pulsada la tecla *Shift* y dibuje la línea a la izquierda del subtítulo *Creado por...*

4. Dibuje otra línea a la derecha del subtítulo.

5. Con alguna de las líneas seleccionadas, en la pestaña contextual **Formato**, en el grupo **Estilos de forma**, clic en la flecha del botón **Contorno de la forma** y clic en el color **Blanco, Fondo 1**.

6. Con la línea aún seleccionada, clic en la pestaña **Inicio**, y en el grupo **Portapapeles**, clic en **Copiar formato**.

   El puntero cambia por una flecha con una brocha.

7. Haga clic en la otra línea para que pueda tener el mismo formato.

8. Active la diapositiva 4.

9. Inserte la forma **Bocadillo: rectángulo.** Puede encontrar esta forma desde la sección **Llamadas**.

10. Escriba: *Use Facebook para promocionar un producto o servicio a través de un FanPage.*

11. Con la forma seleccionada, en la pestaña contextual **Formato**, en el grupo **Estilos de forma**, clic en el botón **Más** y seleccione el estilo **Contorno coloreado - Azul, Énfasis 5**.

12. En el grupo **Estilos de WordArt**, clic en el botón **Más** y seleccione el estilo **Relleno: Azul, Color de énfasis 1, Sombra**.

13. En la pestaña **Inicio**, en el grupo **Fuente**, cambie la fuente *Calibri* por *Segoe UI Semilight*.

14. De regreso en la pestaña contextual **Formato**, en el grupo **Estilos de forma**, clic en **Contorno de forma**, señale **Grosor** y seleccione **4 ½ pto**.

15. Coloque la forma justo por encima de la imagen del logo de Facebook.

16. Haga clic sin soltar sobre el controlador de ángulo y hacer que apunte hacia la imagen.

17. Guarde los cambios y cierre la presentación.

Conectar formas e imágenes

Si desea mostrar una relación entre dos o más formas, puede conectarlas con una línea uniendo los *puntos de conexión*. Los puntos de conexión no son más que controladores especiales que aparecen cuando utiliza una línea o una forma conectora. Estos controladores nos indican que podemos realizar una conexión con alguna otra forma que se encuentre en la diapositiva. Esta técnica es ideal para crear diagramas de flujo.

Además de conectar formas, también puede incluir imágenes u otros tipos de figuras vectoriales.

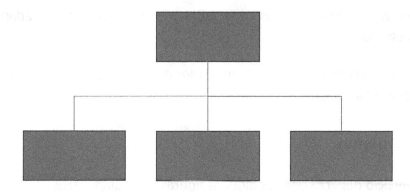

Para conectar dos o más formas

1. Con las formas ya insertadas y ubicadas en la posición donde serán conectadas, haga clic en la pestaña **Insertar**, y en el grupo **Ilustraciones**, clic en **Formas**.

2. En la sección **Líneas**, haga clic en alguno de los conectores o líneas que utilizará en la conexión. El puntero cambiará por una cruz.

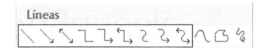

3. Lleve el puntero sobre la forma y aparecerán los puntos de conexión.

4. Clic sin soltar sobre un punto de conexión y arrastre hacia el otro punto de conexión ubicado en la otra forma. Al finalizar, suelte el clic.

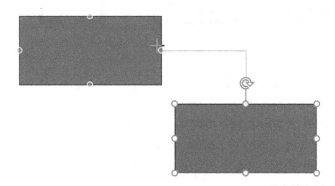

5. Realice el mismo procedimiento para conectar más formas.

6. Mueva una de las formas conectadas y la línea conectora se adaptará a la nueva posición.

7. De ser necesario, utilice el controlador de ángulo para cambiar la posición de la línea conectora.

Hazlo tú mismo

En este ejercicio deberá conectar algunas figuras en la diapositiva.

Abrir la presentación Conexiones.pptx.

1. Realice las conexiones entre objetos tal como lo muestra la siguiente imagen.

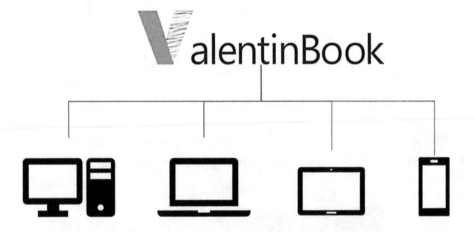

Utilizar botones de acción

Un botón de acción es un tipo de forma que tiene una acción asociada a él. Cuando los usuarios hacen clic sobre el botón de acción durante la vista de presentación, algo sucede. Por ejemplo, puede aparecer una determinada diapositiva, un sonido o ejecutar una aplicación.

Cuando inserta un botón de acción, se abre automáticamente el cuadro de diálogo **Configuración de la acción**. Desde este cuadro de diálogo deberá configurar las acciones que tendrá este botón.

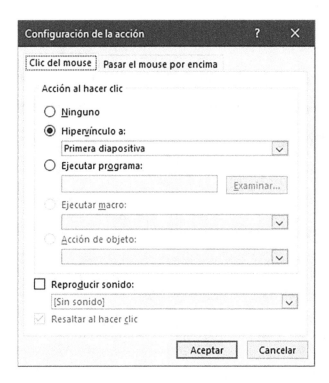

Una vez insertado el botón, podrá añadir texto y aplicar formato como si fuera una forma normal.

Para insertar un botón de acción

1. En la pestaña **Insertar**, en el grupo **Ilustraciones**, clic en **Formas**.

2. En la sección **Botones de acción**, haga clic sobre el botón de acción que quiere utilizar.

Apunte a cada botón de acción para conocer su nombre y su acción predeterminada. Por ejemplo, puede querer insertar un botón de acción que al hacer clic lo lleve a la última diapositiva. Entonces, puede elegir el **botón de acción: Ir al final**.

3. Inserte el botón de acción realizando alguna de estas acciones:

   - Haga clic en algún lugar de la diapositiva para insertar la forma con un tamaño por defecto.

   - Haga clic sin soltar en algún lugar de la diapositiva y realice un arrastre en diagonal para dibujar la forma y darle el tamaño que desea.

   Una vez insertado el botón de acción, se abre el cuadro de diálogo **Configuración de la acción**.

4. Dentro del cuadro de diálogo **Configuración de la acción**, en la pestaña **Clic del mouse**, realice alguna de estas acciones:

   - Clic en **Ninguno** para que el botón no tenga ninguna acción.

   - Clic en **Hipervínculo a**, y seleccione de la lista desplegable hacia donde desea crear el hipervínculo. Este puede ser una diapositiva dentro de la presentación, una dirección web, otra presentación u otro archivo. Si ha usado un botón de acción predeterminado, no realice ningún cambio y haga clic directamente en **Aceptar**.

   - Clic en **Aceptar** para aplicar los cambios o clic en **Cancelar** para descartarlos.

Para hacer uso del botón de acción

1. Active la vista **Presentación con diapositivas**.

2. Cuando aparezca el botón en la diapositiva, haga clic sobre el botón de acción.

Ejercicio Paso a Paso

En este ejercicio aprenderá a insertar botones de acción y aplicar formato a los mismos.

> *Abrir la presentación Botones_Acción.pptx.*

1. Con la diapositiva 1 activa, clic en la pestaña **Insertar**, y en el grupo **Ilustraciones**, clic en **Formas**.

2. En la sección **Botones de acción**, clic en **Botón de acción: Ir hacia delante o siguiente**.

3. Dibuje el botón de acción en algún lugar de la diapositiva. No se preocupe por el tamaño, lo ajustará más adelante en el ejercicio.

   Aparecerá el cuadro de diálogo **Configuración de la acción**.

4. Como todo está correcto en el cuadro de diálogo **Configuración de la acción**, haga clic en **Aceptar**.

5. Con el botón de acción seleccionado, haga clic en la pestaña contextual **Formato**, y en el grupo **Estilos de forma**, clic en el botón **Más** para expandir la galería.

6. En la sección *Prestablecidos*, clic en el estilo **Semitransparente – Oro, Énfasis 4, sin contorno**.

7. En el grupo **Tamaño**, cambie el alto por **2,58 cm** y el ancho por **2,54 cm**.

8. Lleve el botón de acción por debajo del título *ANIMALES SALVAJES*.

9. Active la diapositiva 2 e inserte el botón de acción **Ir a inicio**. Acepte todos sus valores por defecto.

10. Aplique el mismo tamaño y formato que el botón de acción en la diapositiva 1.

11. Coloque el botón de acción en la esquina superior derecha de la diapositiva.

12. Debajo del botón de acción inserte otro con la acción **Ir hacia atrás o anterior**. Además, aplique el mismo tamaño y formato.

13. Intente posicionar el botón de abajo en la misma dirección que el botón de arriba. Unas líneas discontinuas rojas aparecerán para ayudarle a colocar el objeto en la posición adecuada.

14. Active la diapositiva 1 y haga clic sobre el botón de acción. A continuación, pulse Ctrl+C para copiar el objeto.

15. Active la diapositiva 2 y pulse Ctrl+V para pegar el botón de acción.

16. Lleve el botón de acción recién pegado y colóquelo por debajo del botón de acción *Ir hacia atrás o anterior*.

17. Seleccione todos los botones de acción y pulse `Ctrl+C` para copiar.

18. Pegue los botones de acción a partir de la diapositiva 3 hasta la diapositiva 6.

19. Pulse `F5` para ver la vista de presentación y pruebe sus botones de acción.

20. Salga de la vista presentación, guarde los cambios y cierre su presentación.

Insertar iconos

A través de Office 365, PowerPoint cuenta con una galería de gráficos vectoriales escalables (SVG) que pueden ser insertados en sus diapositivas. Estos tipos de gráficos trabajan casi igual que las formas, ya que puede aplicar color de relleno y de contorno de ser necesario. Además, al ser gráficos SVG, podrá aumentar su tamaño sin perder calidad.

Para insertar iconos en la diapositiva

1. En la pestaña **Insertar**, en el grupo **Ilustraciones**, clic en **Iconos**. Se abre la ventana de diálogo **Insertar iconos**.

2. A la izquierda de la ventana, haga clic en alguna de las categorías para dirigirse directamente a un determinado grupo de iconos.

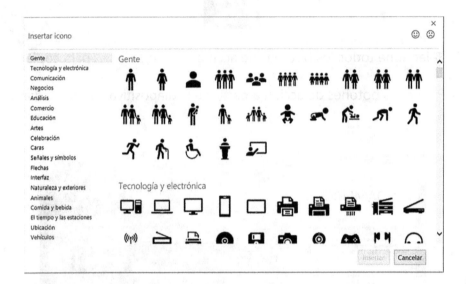

3. Haga clic en cualquiera de los iconos que desea insertar. Puede seleccionar tantos como quiere.

4. Clic en **Insertar**.

Para elegir un estilo de gráfico

1. Con el icono seleccionado, clic en la pestaña contextual **Formato**, y en el grupo **Estilos de gráfico**, clic en el botón **Más**.

2. Seleccione el estilo de gráfico que desee.

Para aplicar un color de relleno o contorno

1. Con el icono seleccionado, clic en la pestaña contextual **Formato**, y en el grupo **Estilos de gráfico**, clic en la flecha del botón **Relleno de gráficos** o **Contorno de gráficos**.

2. Clic en el color que desee.

Capítulo 6: Insertar Diagramas y Gráficos

En este capítulo aprenderá a:

- Insertar diagramas SmartArt

- Aplicar formato y modificar diagramas de SmartArt

- Insertar gráficos de Excel

- Modificar la presentación de los elementos del gráfico

- Dar formato a un gráfico de Excel

> *Use la carpeta Capítulo6 para los ejercicios de este capítulo.*

Las presentaciones de PowerPoint frecuentemente incluyen diapositivas que describen procesos, muestran relaciones jerárquicas, y transmiten información específica basado en los datos. Tantos los diagramas y los gráficos de Excel son útiles para dar a conocer este tipo de información.

Puede insertar diagramas de SmartArt directamente en las diapositivas que le permitan producir atractivas representaciones visuales de información. Los diagramas de SmartArt pueden ilustrar diferentes tipos de conceptos a través de sus formas.

Por otro lado, si desea transmitir información numérica a su audiencia, puede crear un gráfico de Excel directamente en la diapositiva o importar un gráfico completo desde otra aplicación.

En este capítulo aprenderá a insertar diagramas de SmartArt y gráficos de Excel directamente en sus diapositivas para luego aplicarles diversos formatos.

Insertar un diagrama SmartArt

Algunas veces los conceptos que desea transmitir a su audiencia son mejor presentados con diagramas de SmartArt. Un diagrama de SmartArt es una clase especial de gráfico que combina formas, líneas y marcadores de posición. A menudo es ideal para ilustrar relaciones entre fragmentos de texto.

PowerPoint le permite insertar un gráfico SmartArt desde cero o desde una lista con viñetas insertado en el marcador de posición. El cuadro de diálogo **Elegir un gráfico SmartArt** es el lugar principal donde podrá elegir entre una gran variedad de diseños de diagramas. Para que sea más fácil su búsqueda, puede hacer clic en las categorías que están a la izquierda para encontrar el diseño adecuado. Tenga en cuenta que, algunos diseños de diagramas pueden aparecer en dos o más categorías.

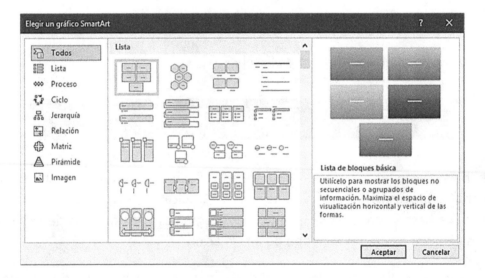

Las categorías le permiten crear sofisticados diagramas que ilustran los siguientes conceptos:

- **Lista:** Este tipo de gráfico son útiles cuando la información no tiene algún orden en particular, o cuando el proceso o progresión entre los ítems no son importantes.

- **Proceso:** Este tipo de gráfico es similar a una lista, pero se diferencia porque tiene flechas direccionales u otros conectores que representan el flujo de un ítem a otro.

- **Ciclo:** Este tipo de gráfico también ilustra un proceso, pero es repetitivo. Usualmente son procesos de los cuales no hay un punto de inicio ni un punto de cierre.

- **Jerarquía:** Este tipo de gráfico es un organigrama. Muestra la estructura y la relación entre personas o cosas en niveles estandarizados.

- **Relación:** Este tipo de gráfico ilustra visualmente cómo las partes se relacionan a un todo. Un tipo común de gráfico de Relación es un *diagrama de Venn*.

- **Matriz:** Una Matriz también muestra la relación de las partes a un todo, pero lo hace a través de cuadrantes de aspecto ordenado. Puede usar un gráfico de Matriz cuando no necesita mostrar una relación particular entre los ítems, pero quiere dejar claro que ellos hacen una unidad.

- **Pirámide:** Como su nombre lo dice, son gráficos de pirámide. Este gráfico presenta un triángulo con texto dividido en varios niveles los cuales no solo representan la relación entre los ítems sino también que los ítems más pequeños son más importantes.

> *La categoría Imagen es una colección de varios tipos de gráficos que incluyen marcadores de posición para insertar imágenes.*

Para insertar un gráfico SmartArt desde cero

1. Abrir el cuadro de diálogo **Elegir un gráfico SmartArt** siguiendo alguna de estas acciones:

    - En un marcador de posición de texto, haga clic en el icono **Insertar un gráfico SmartArt**.

    - En la pestaña **Insertar**, en el grupo **Ilustraciones**, clic en **Insertar un gráfico SmartArt**.

2. Dentro del cuadro de diálogo **Elegir un gráfico SmartArt**, en el lado izquierdo, haga clic en una categoría.

3. En el área central, haga clic en un diseño de diagrama. Use la barra de desplazamiento para ver más diseños.

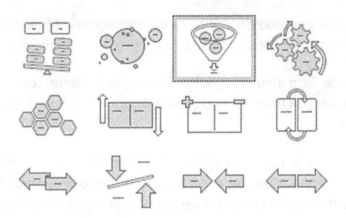

4. Al lado derecho, puede ver una vista previa del gráfico, su nombre, y una descripción. Lea la descripción del gráfico para saber si su elección será la más adecuada.

Embudo

Utilícelo para mostrar el filtro de información o cómo se unen las partes para formar un todo. Enfatiza el resultado final. Puede contener hasta cuatro líneas de texto de Nivel 1, la última de las cuales aparece debajo del embudo y el resto se corresponde

5. Una vez elegido el diseño adecuado, haga clic en **Aceptar**.

Para convertir una lista con viñetas en un gráfico SmartArt

1. Realice alguna de estas acciones:

- Haga clic dentro del marcador de posición donde se encuentra su lista con viñetas y desde la pestaña **Inicio**, en el grupo **Párrafo**, clic en **Convertir en un gráfico SmartArt** y seleccione el diseño adecuado.

- Clic derecho dentro del marcador de posición donde se encuentra su lista con viñetas, señale **Convertir a SmartArt** y clic en el diseño adecuado.

Agregar contenido al diagrama

Una vez insertado el gráfico SmartArt en su diapositiva, este probablemente muestre un panel de texto a la izquierda con el título **Escribir aquí el texto**. En caso el panel de texto no se muestre automáticamente, aún puede activarlo desde la pestaña contextual **Diseño**, en el grupo **Crear gráfico**, y haciendo clic en **Panel de texto**.

El panel de texto podría mostrar una lista con viñetas de un solo nivel, o multinivel si es que el diseño del diagrama lo permite. Por lo general, cada forma en el diagrama está asociado a un texto con viñeta en el panel de texto. Por ejemplo, si desea añadir una nueva forma, solo debe añadir una nueva viñeta en el panel de texto.

La siguiente imagen muestra un diagrama que tiene una lista con viñetas multinivel. Este tipo de gráfico solo permite una viñeta de nivel superior (la forma circular del centro) y subniveles de viñeta (las formas circulares de los lados).

Cada vez que añade una nueva forma a su diagrama este adapta su figura. Además, si el texto es demasiado largo, todos los textos se ajustarán para que puedan ser mostrados.

Para seleccionar el gráfico y ver el panel de texto

1. Clic en el gráfico SmartArt. El panel de texto se debería mostrar automáticamente.

Para mostrar u ocultar el panel de texto

1. En la pestaña contextual **Diseño**, en el grupo **Crear gráfico**, clic en **Panel de texto**.

O

1. Haga clic en el botón **Mostrar u ocultar el panel de texto** ubicado en la parte central izquierda del gráfico.

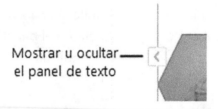

Mostrar u ocultar el panel de texto

Para cerrar el panel de texto

1. Clic en el botón **Cerrar** (**x**) del panel de texto.

Para añadir texto

1. Realice alguna de estas acciones:

   - Dependiendo del tipo de gráfico insertado, en el panel de texto, haga clic en un punto con viñeta y escriba el texto que desea añadir.

   - Para añadir una nueva forma, después de añadir el primer texto en el punto con viñeta, pulse la tecla *Enter*. Si aparece una viñeta significa que puede agregar una nueva forma, si aparece una **X** roja, significa que el diseño no permite agregar más formas en ese nivel.

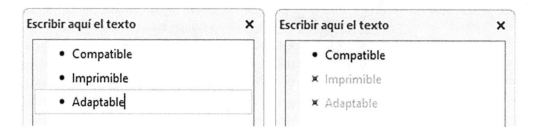

- Para agregar un subnivel de viñeta, pulse la tecla `Tab` en el punto con viñeta de nivel superior.

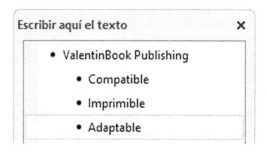

Para insertar una imagen en un diagrama que acepta imágenes

1. Para abrir el cuadro de diálogo **Insertar imágenes**, realice alguna de estas acciones:

    - En el panel de texto, haga clic en el icono **Insertar imagen**.

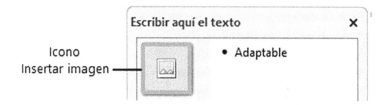

    - En la forma del diagrama, haga clic en el icono **Insertar imagen**.

2. Dentro del cuadro de diálogo **Insertar imagen**, seleccione la imagen y clic en **Insertar**.

Modificar diagramas

Si el diseño de diagrama que originalmente seleccionó no reúne con precisión sus necesidades, puede fácilmente cambiar por un diseño diferente. La mayoría de los diseños preserva la información aunque esta no encaje con el diseño actual, pero algunas veces no será así. Revise la descripción del diagrama que se encuentra en la parte inferior del panel de texto para que tome una decisión informada.

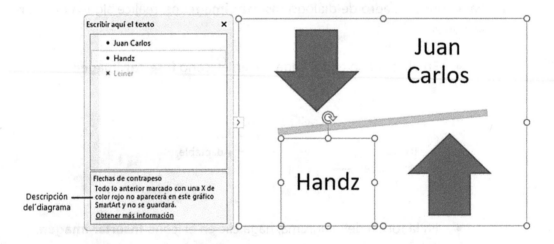

Cuando selecciona un gráfico SmartArt, la pestaña contextual **Herramientas de SmartArt** se activa y muestra dos nuevas pestañas: **Diseño** y **Formato**. Desde la pestaña **Diseño** podrá cambiar el diseño del diagrama, los colores y los estilos de su gráfico SmartArt. Por otro lado, la pestaña **Formato** tiene herramientas para aplicar individualmente formatos a las formas y los textos dentro de ellas.

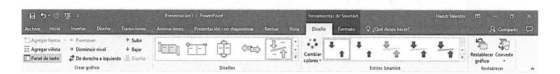

Para cambiar un gráfico SmartArt a un diseño diferente

1. Seleccione el diagrama.

2. En la pestaña contextual **Diseño**, en el grupo **Diseños**, haga clic en el botón **Más** para expandir la galería de diseños. Esta galería muestra solo los diagramas disponibles para la categoría del diseño actual.

3. En la galería de diseños, realice alguna de estas acciones:

   • Haga clic en una miniatura de diseño en la galería de diseños.

   • Haga clic en la opción **Más diseños** para abrir el cuadro de diálogo **Elegir un gráfico SmartArt**. Seleccione una categoría, luego elija el diseño adecuado, y clic en **Aceptar**.

Para agregar formas al diagrama

1. Seleccione la forma desde donde desea añadir una nueva forma.

2. En la pestaña contextual **Diseño**, en el grupo **Crear gráfico**, clic en **Crear forma**. El botón **Crear forma** estará habilitado dependiendo del tipo de gráfico actual.

Para quitar formas del diagrama

1. Seleccione la forma que desee quitar.

2. Pulse la tecla *Suprimir*.

Para cambiar de posición las formas

1. Seleccione la forma que desee mover.

2. En la pestaña contextual **Diseño**, en el grupo **Crear gráfico**, clic en los botones **Subir** o **Bajar** según corresponda.

Para cambiar el esquema de color del diagrama

1. Seleccione el diagrama.

2. En la pestaña contextual **Diseño**, en el grupo **Estilos de SmartArt**, clic en **Cambiar colores**.

3. Clic en el esquema de color que más le guste.

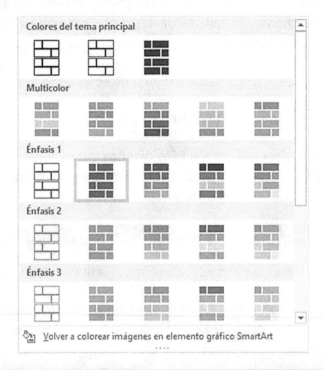

Para cambiar el estilo del diagrama

1. Seleccione el diagrama.

2. En la pestaña contextual **Diseño**, en el grupo **Estilos de SmartArt**, clic en el botón **Más** para expandir la galería de estilos.

3. Clic en el estilo que más le guste.

Ejercicio Paso a Paso

En este ejercicio aprenderá a insertar diagramas de SmartArt. Luego, añadirá textos y cambiará el estilo del diagrama. Por último, aplicará algunos formatos individuales a las formas.

Abrir la presentación Diagramas.pptx.

1. Seleccione la diapositiva 2 y desde el marcador de posición de texto, haga clic en el icono **Insertar un gráfico SmartArt**.

    Se abre el cuadro de diálogo **Elegir un gráfico SmartArt**.

2. Clic en la categoría **Lista**, y señale cada una de las miniaturas de diseños de diagramas.

    Un *Screentip* aparecerá mostrándole el nombre de cada diseño de diagrama.

3. Haga clic en el diseño **Lista con círculos a la izquierda**.

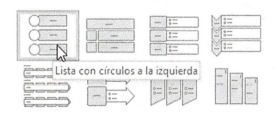

A la derecha del cuadro de diálogo se muestra una vista previa del diseño del diagrama. Además, podrá revisar el nombre y la descripción del diseño. Lea atentamente la descripción para estar informado de cómo usar el diagrama.

4. Clic en **Aceptar**.

El diagrama de SmartArt se inserta en la diapositiva y muestra automáticamente el panel de texto. El panel de texto incluye tres puntos con viñetas con la palabra *[Texto]* que representan a las tres formas en la diapositiva.

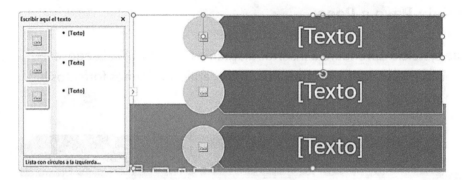

5. En el panel de texto, haga clic en la palabra *[Texto]* del primer punto con viñeta y escriba: Nuevas Publicaciones.

Lo que acaba de escribir en el panel de texto se traduce en la forma del diagrama.

6. Clic en el segundo punto con viñeta y escriba: Plataforma de contenidos.

7. Ahora, haga clic en la palabra *[Texto]* dentro de la tercera forma -no dentro del panel de texto- y escriba: Business & Services.

Acaba de escribir un texto directamente en la forma.

8. En el panel de texto, haga clic al final del texto *Nuevas Publicaciones* y pulse `Enter`.

   Se añade una nueva forma por debajo de la forma *Nuevas Publicaciones*. Sin embargo, no es lo que queremos.

9. Pulse la tecla `Tab`.

   La viñeta actual disminuye un nivel y la forma en el diagrama desaparece.

10. Escriba: `Presentación de las nuevas publicaciones de ValentinBook Publishing`.

    En la primera forma se añade una viñeta con el texto que acaba de ingresar.

Nuevas Publicaciones
- Presentación de las nuevas publicaciones de ValentinBook Publishing

11. Nuevamente, en el panel de texto, haga clic al final del texto de la segunda viñeta, pulse `Enter`, luego `Tab` y escriba: `Información sobre el lanzamiento de ValentinBook Platform`.

12. Realice la misma acción para la tercera forma y escriba: `Información sobre nuevas soluciones empresariales`.

13. En la pestaña contextual **Herramientas de SmartArt**, clic en la pestaña **Diseño**, y en el grupo **Estilos de SmartArt**, clic en **Cambiar colores**.

14. En la sección **Multicolor**, clic en **Intervalo multicolor – Colores de énfasis 5 a 6**.

15. Lleve el puntero sobre el borde del gráfico hasta que cambie por un puntero de 4 flechas y arrastre hacia arriba para mover el diagrama.

16. Con el gráfico aún seleccionado, clic en la pestaña **Inicio**, y en el grupo **Fuente**, cambie por la fuente **Segoe UI Light**.

17. Active la diapositiva 3 y seleccione su gráfico SmartArt.

18. En el panel de texto, a la izquierda de la primera viñeta, haga clic en el icono **Insertar imagen**.

   Se abrirá el cuadro de diálogo **Insertar imagen**.

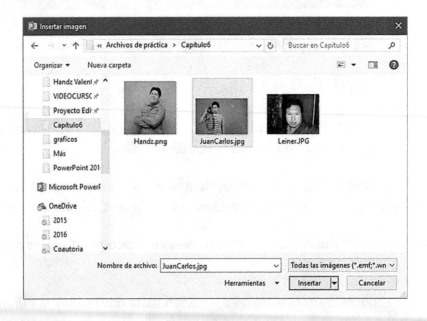

*Si está conectado a internet, PowerPoint abrirá la ventana de diálogo Insertar imágenes y mostrará las opciones para insertar imágenes online. Haga clic en **Trabajar sin conexión** o **Examinar**.*

19. Navegue hasta la carpeta **Capítulo6**, seleccione la imagen **JuanCarlos.jpg** y clic en **Insertar**.

20. Haga clic en el segundo icono de **Insertar imagen** e inserte la imagen **Leiner.jpg**.

21. En la tercera forma del diagrama, haga clic en el icono **Insertar imagen** e inserte la imagen **Handz.png**.

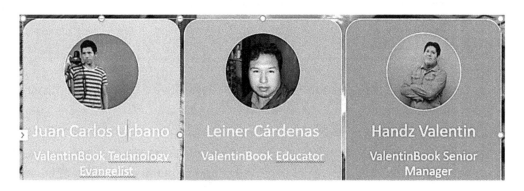

22. Clic en la pestaña contextual **Diseño**, y en el grupo **Estilos de SmartArt**, clic en el botón **Más** de la galería.

23. En la sección *3D*, clic en **Pulido**.

24. Haga clic en la forma del medio y en la pestaña contextual **Formato**, en el grupo **Estilos de forma**, clic en la flecha **Relleno de forma**.

25. Clic en el color **Azul claro**.

26. Haga clic en el Iniciador de cuadro de diálogo de **Estilos de forma**.

    Se abre el panel **Formato de forma**.

27. En la sección **Relleno**, en **Transparencia**, aplique **30%.**

28. Aplique los formatos que quiera a las dos formas restantes.

29. Guarde los cambios y cierre la presentación.

Crear gráficos

Si necesita representar valores numéricos en sus diapositivas, quizá la mejor manera es utilizar un gráfico que le ayude a identificar tendencias. Muchas veces cuando desea incluir un gráfico en PowerPoint, estos ya existen en alguna otra aplicación. Por ejemplo, podría tener un libro de Excel que contenga un gráfico que quiere reutilizar en PowerPoint. Si este es el caso, basta con copiar y pegar el gráfico en su diapositiva.

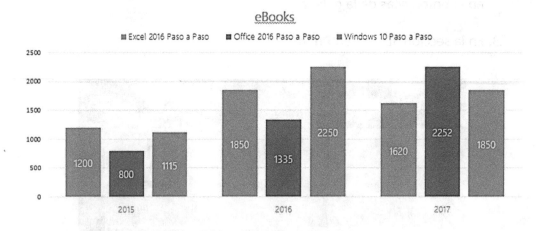

Sin embargo, cuando necesita crear un gráfico rápidamente que no tenga un origen externo, la herramienta de creación de gráficos en PowerPoint puede ser su mejor aliado. La interfaz de gráficos está basada en Excel, por lo que esta aplicación debe estar instalada en el equipo.

> *Para crear, modificar y dar formato a un gráfico no necesita salir de PowerPoint.*

La principal dificultad que encontrará cuando crea un gráfico en una aplicación que no sea una hoja de cálculo, como PowerPoint, es que no existe una tabla de datos desde donde obtener los números. Por ello, PowerPoint crea gráficos usando datos que deberá ingresar en una ventana de Excel. Por defecto, esta ventana contiene datos de ejemplo que deben ser reemplazados por sus propios datos.

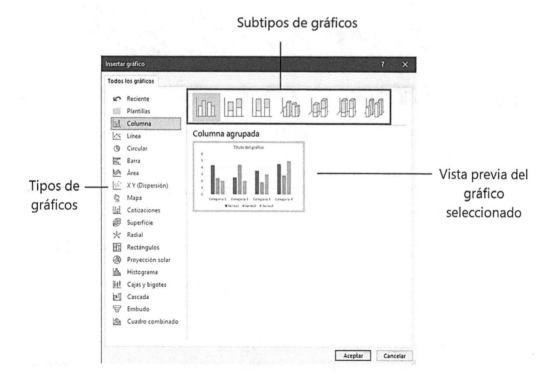

Para empezar a crear un gráfico, debe abrir el cuadro de diálogo **Insertar gráfico**. Desde este cuadro de diálogo, al lado izquierda, podrá seleccionar un tipo de gráfico y luego elegir un subtipo de gráfico adecuado para su presentación.

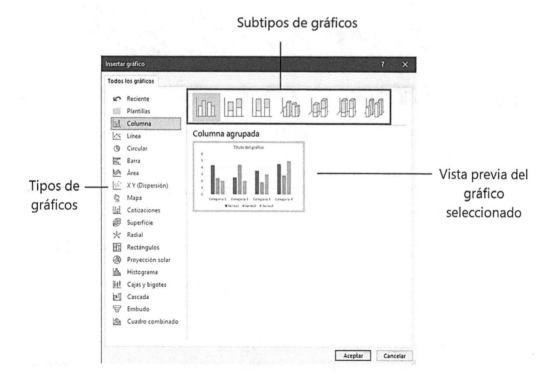

Los tipos más comunes de gráficos son:

- **Columna:** Son barras verticales que pueden tener varias series de datos. Las barras pueden ser agrupadas, apiladas o basadas en un porcentaje ya sean en 2D o 3D.

- **Línea:** Muestran los valores como puntos, y estos puntos son conectados con una línea. Cada una de las series utilizan diferentes colores y estilos de línea para diferenciarlos.

- **Circular:** Un circulo dividido en cuñas que muestran las partes que contribuyen a un todo desactivando los valores numéricos actuales. En la mayoría de casos, este tipo de gráfico presenta una sola serie. La variante anillo, es similar al gráfico circular pero con varios anillos concéntricos que permiten visualizar varias series a la vez.

- **Barra:** Igual que un gráfico de columna, solo que es de orientación horizontal.

Los tipos de gráficos Rectángulos, Proyección solar, Histograma, Cajas y bigotes, y Cascada son nuevos en Office 2016. Para aprender más sobre estos gráficos puede adquirir el libro "Excel 2016 Paso a Paso".

Para insertar un gráfico

1. Abrir el cuadro de diálogo **Insertar gráfico** siguiendo alguna de estas acciones:

    - En el marcador de posición de texto, haga clic en el icono **Insertar gráfico**.

    - En la pestaña **Insertar**, en el grupo **Ilustraciones**, clic en **Gráfico**.

2. Dentro del cuadro de dialogó **Insertar gráfico**, haga clic en un tipo de gráfico.

3. En el área superior del cuadro de diálogo, señale cada miniatura para ver el nombre del subtipo de gráfico. Cuando encuentra el gráfico que necesita, haga clic en la miniatura.

4. De ser necesario, señale el gráfico de la vista previa para realizar un zoom automático y ver cómo quedaría su gráfico en la diapositiva.

5. Clic en **Aceptar**. Se abre la ventana de datos de Excel.

6. Dentro de la ventana de Excel, realice alguna de estas acciones:

   - Haga clic en las celdas de *Series* (*Serie 1*, *Serie 2*, etc.) y escriba el nombre que quiera.

   - Haga clic en las celdas de Categorías (*Categoría 1*, *Categoría 2*, etc.) y escriba el nombre que quiera.

   - Haga clic en los datos numéricos e ingrese sus propios datos. Excel ajustará el gráfico para reflejar los valores ingresados.

   - Dependiendo del tipo de gráfico, puede añadir una nueva columna de *Serie* o una nueva fila de *Categoría* y añadir sus propios datos. Excel automáticamente ajustará el contorno de color para que los nuevos valores se agreguen al gráfico.

   - Si Excel no ajusta automáticamente los datos, use la esquina inferior derecha del contorno de color y arrastre para añadir o quitar series de datos.

⊿	A	B	C	D	E
1		Serie 1	Serie 2	Serie 3	Serie 4
2	Categoría 1	4,3	2,4	2	
3	Categoría 2	2,5	4,4	2	
4	Categoría 3	3,5	1,8	3	
5	Categoría 4	4,5	2,8	5	
6					

7. Cierre la ventana de Excel.

Para insertar un gráfico desde Excel hacia una diapositiva

1. En Excel, clic en el gráfico y pulse `Ctrl+C`.

2. Active la ventana de PowerPoint, y en la diapositiva actual, pulse `Ctrl+V`.

3. Realice algún cambio en los datos desde Excel y este se verá reflejado en el gráfico copiado en PowerPoint.

Para modificar los datos del gráfico

1. Seleccione el gráfico.

2. En la pestaña contextual **Diseño**, en el grupo **Datos**, clic sobre el botón **Modificar datos.** Se abrirá la ventana de Excel.

3. Realice los cambios necesarios y cierre la ventana de Excel.

Para cambiar el tipo de un gráfico seleccionado

1. En la pestaña contextual **Diseño**, en el grupo **TIpo**, clic en **Cambiar tipo de gráfico**. Se abrirá el cuadro de diálogo **Cambiar tipo de gráfico**.

2. Seleccione un nuevo tipo de gráfico y haga clic en **Aceptar**.

Modificar la presentación de los elementos del gráfico

Cada punto de datos en una serie de datos está representado gráficamente por un marcador de datos. Los datos están trazados por un **eje-x** -conocido como eje horizontal o eje de categorías- y un **eje-y** -conocido como eje vertical o eje de valores-. Además, en un gráfico 3D está el **eje-z** -conocido como eje de profundidad o eje de serie-.

Los elementos principales de un gráfico son los siguientes:

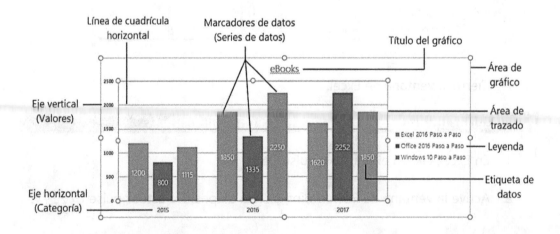

- **Área de gráfico:** Es el área completa del gráfico. En esta área comúnmente se encuentran las leyendas y etiquetas del gráfico.

- **Área de trazado:** Es el área rectangular que incluyen las series de datos y los marcadores de datos.

- **Marcadores de datos:** Son las representaciones gráficas -las columnas- de los valores, o puntos de datos, de cada una de las series de datos. En la imagen, las series de datos son *"Excel 2016 Paso a Paso"*, *"Office 2016 Paso a Paso"* y *"Windows 10 Paso a Paso"*.

- **Línea de cuadrícula horizontal:** Se muestra horizontalmente a través del área de trazado y hay una línea con cada número que se encuentra a lo largo del eje vertical. Cuando no hay etiquetas de datos en un gráfico, las líneas de cuadrícula horizontales son útiles para darle a entender si los marcadores de datos están por encima o por debajo de un cierto nivel.

- **Leyenda:** Este cuadro correlaciona el color de los marcadores de datos y el nombre de cada serie de datos. El cuadro de leyenda puede ser mostrado en diferentes lugares del gráfico.

- **Título del gráfico:** Es el título que identifica al gráfico. Por lo general el título puede encontrarse encima del gráfico, o superpuesto en el centro.

- **Etiqueta de datos:** Identifican los valores exactos representados por los marcadores de datos. Ellos pueden ser mostrados dentro o fuera de los marcadores de datos.

- **Eje vertical (valores):** El eje vertical o de valores se muestra al lado izquierdo en los gráficos de columna y línea, y en la parte inferior para los gráficos de barras.

- **Eje horizontal (categorías):** El eje horizontal o de categorías se encuentra a lo largo de la parte inferior en los gráficos de columna y línea, y a lo largo del lado izquierdo en un gráfico de barras.

Debe tener en cuenta que todos los elementos de un gráfico son opcionales y algunos tipos de gráficos no admiten todos los elementos listados. Por ejemplo, un gráfico circular no muestra ejes ni líneas de cuadrícula.

Si desea cambiar el diseño y la posición de los elementos en su gráfico, puede utilizar la opción de **Diseños rápidos**. Estos *Diseños rápidos* son combinaciones prestablecidas de los elementos de un gráfico. Los diferentes diseños que podrá encontrar dependerán de su tipo de gráfico elegido.

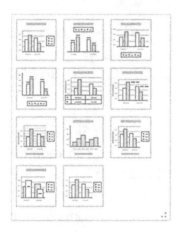

Sin embargo, si algunos de los diseños rápidos no cumplen con sus requerimientos, aún puede personalizarlo a su gusto. El botón **Agregar elemento de gráfico** despliega un menú de opciones con cada uno de los elementos del gráfico que puede personalizar.

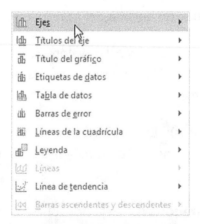

Para elegir un diseño rápido

1. Seleccione el gráfico.

2. En la pestaña contextual **Diseño**, en el grupo **Diseños de gráfico**, clic en **Diseño rápido**.

3. Haga clic en el diseño que se ajuste a sus necesidades.

Para especificar los elementos que se mostrarán en el gráfico

1. Seleccione el gráfico y luego haga clic en la pestaña contextual **Diseño**, y en el grupo **Diseños de gráfico**, clic en **Agregar elemento de gráfico**.

2. De la lista desplegable, señale alguna de las opciones de elementos de gráfico, y clic en la opción que necesita.

O

1. Seleccione el gráfico y clic en el botón **Elementos de gráfico**.

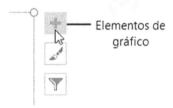

Elementos de gráfico

2. Active o desactive las casillas de los elementos de gráfico que quiere mantener o quitar respectivamente.

Dar formato al gráfico

Un gráfico dentro de una presentación no estaría listo sin antes haber aplicado los formatos necesarios para que este se vea bien ante la audiencia. Puede seleccionar un elemento del gráfico y aplicar diversos tipos de formatos -como color de relleno y contorno, efectos y formatos de texto- desde la pestaña contextual **Formato**.

Si no tiene demasiado tiempo para aplicar cada uno de estos formatos, PowerPoint ofrece varios estilos de diseño predefinidos -desde la pestaña contextual **Diseño**-, que dan una apariencia profesional a su gráfico con el menor esfuerzo. Tenga en cuenta que algunos estilos de diseño pueden afectar no solo al formato de los elementos sino también a la ubicación o presencia de ellos.

Para cambiar estilos de diseño del gráfico

1. Seleccione el gráfico.

2. En la pestaña contextual **Diseño**, en el grupo **Estilos de diseño**, clic en el botón **Más** para expandir la galería de estilos.

3. De la galería de estilos de diseño, haga clic en el estilo que se ajusta mejor a sus necesidades.

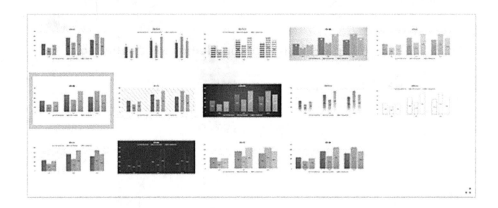

O

1. Seleccione el gráfico.

2. Haga clic en el botón **Estilos de gráfico**.

Estilos de gráfico

3. En el panel **Estilo**, haga clic en el estilo que mejor se ajuste a sus necesidades.

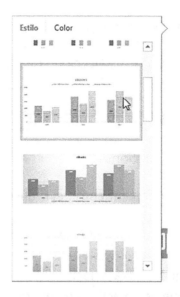

Para cambiar los colores de los elementos del gráfico

1. Seleccione el gráfico.

2. En la pestaña contextual **Diseño**, en el grupo **Estilos de diseño**, clic en el botón **Cambiar colores** y seleccione una paleta de colores que sea de su agrado.

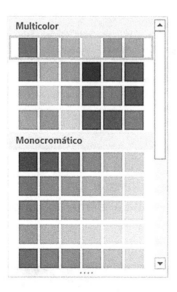

O

1. Seleccione el gráfico.

2. Haga clic en el botón **Estilos de gráfico**.

3. Haga clic en el panel **Color** y seleccione una paleta de colores que sea de su agrado.

Para seleccionar un elemento de gráfico individual

1. Realice alguna de estas acciones:

   - Haga clic en algún elemento del gráfico para seleccionarlo.

   - En la pestaña contextual **Formato**, en el grupo **Selección actual**, clic en la flecha desplegable **Elementos de gráfico** y clic en el elemento de gráfico que quiera seleccionar. En esta lista aparecen solo los elementos que están activos en el gráfico.

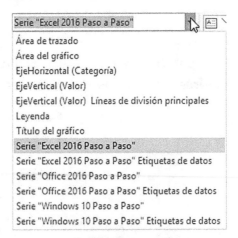

Ejercicio Paso a Paso

En este ejercicio aprenderá a insertar un gráfico circular y de columnas en PowerPoint, luego añadirá y quitará elementos al gráfico y, por último, aplicará formato.

Abrir la presentación Gráficos.pptx.

1. Seleccione la diapositiva 8 y en el marcador de posición de texto, haga clic en el icono **Insertar gráfico**.

   Se abre el cuadro de diálogo **Insertar gráfico**.

2. Seleccione la categoría **Circular** y en la lista de subtipos de gráficos, seleccione **Circular** y clic en **Aceptar**.

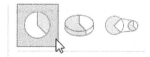

   Se inserta un gráfico circular en su diapositiva y aparece una pequeña ventana de Excel.

3. Haga clic en la celda *B1* (*Ventas*), y escriba: Más vendidos. A continuación, pulse Enter para ingresar el dato.

   Observe como el texto escrito se refleja automáticamente en el título del gráfico.

4. En la celda *A2* (*1er trim.*) escriba: Paso a Paso. No olvide de pulsar Enter para que el dato quede ingresado.

5. En *A3* escriba: Guía práctica y En *A4* escriba: Exam Prep.

6. En B2 escriba: 1600. En B3 escriba: 2550. Y en B4 escriba: 1100.

   Observe que los valores ingresados se reflejan automáticamente en las porciones del gráfico circular.

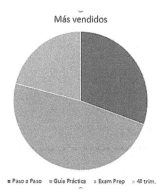

Más vendidos

▪ Paso a Paso   ▪ Guía Práctica   ▪ Exam Prep   ▪ 4º trim.

7. Tanto la celda A5 y B5 no formarán parte del gráfico por lo que debe llevar el puntero del mouse en la esquina inferior derecha del contorno coloreado en azul y arrastre hacia arriba hasta que el contorno azul se encuentre en la fila 4. (Vea la imagen como referencia.)

	A	B
1		Más vendidos
2	Paso a Paso	1600
3	Guía Práctica	2550
4	Exam Prep	1100
5	4º trim.	1,2

8. Cierre la ventana de Excel y vea cómo ha quedado su gráfico.

9. Haga clic en la pestaña contextual **Diseño**, y en el grupo **Estilos de diseño**, clic en el botón **Más** para expandir la galería de estilos.

10. Clic en el **Estilo 8**.

El gráfico ahora muestra la leyenda en la parte superior y las porciones del gráfico tienen etiquetas de datos. Además, hay un efecto de biselado en el gráfico.

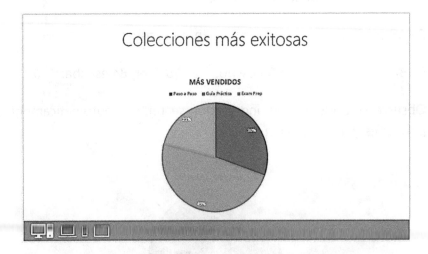

11. Active la diapositiva 9, y desde la pestaña **Insertar**, en el grupo **Ilustraciones**, clic en **Gráfico**.

12. Elija la categoría **Columnas**, seleccione el subtipo **Columna agrupada**, y clic en **Aceptar**.

    Se inserta el gráfico de columnas en la diapositiva y se abre la ventana de Excel.

13. Como series, añada en sus respectivas celdas lo siguiente: *Excel 2016 Paso a Paso*, *Office 2016 Paso a Paso* y *Windows 10 Paso a Paso*.

14. Como categorías, añada en sus respectivas celdas lo siguiente: *2015*, *2016* y *2017*.

15. En el rango *B2:B4* agregue: *1200*, *1850*, *1620*.

16. En el rango *C2:C4* agregue: *800*, *1335*, *2252*.

17. En el rango *D2:D4* agregue: *1115*, *2250*, *1850*.

18. Ajuste el contorno de color (azul) para que solo aparezcan las categorías *2015*, *2016* y *2017* en el gráfico. Luego, cierre la ventana de Excel.

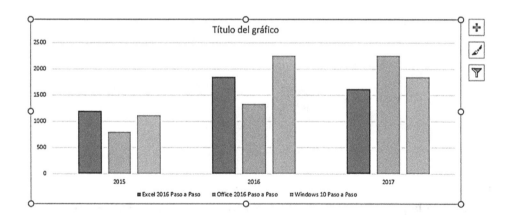

19. Haga doble clic sobre el texto del título del gráfico y cambie por: *Libros más vendidos*.

20. En la pestaña contextual **Diseño**, en el grupo **Diseños de gráfico**, clic en **Diseño rápido**.

21. Seleccione el **Diseño 2**.

    El diseño 2 no presenta un eje vertical, coloca la leyenda en la parte superior, y las etiquetas de datos aparecen encima de cada barra.

22. En el grupo **Diseños de gráfico**, clic en **Agregar elemento de gráfico**, señale **Ejes**, y clic en **Vertical primario**.

23. Nuevamente clic en **Agregar elemento de gráfico**, señale **Líneas de la cuadrícula**, y clic en **Horizontal principal primario**.

24. Con el gráfico seleccionado, clic en el botón **Estilos de gráfico**.

    Se abre el panel **Estilos de gráfico**.

25. Clic en la opción **Color**, y seleccione **Paleta de colores 2**.

26. Haga clic en la segunda línea de cuadrícula horizontal.

    Todas las líneas de cuadrícula se seleccionan.

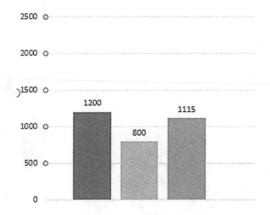

27. Clic en la pestaña contextual **Formato**, y en el grupo **Estilos de forma**, clic en la flecha **Contorno de forma**. Haga clic en **Oro, Énfasis 4, Oscuro 25%.**

28. Haga clic en cualquier número del eje vertical para seleccionarlo.

29. En la pestaña **Inicio**, en el grupo **Fuente**, cambie el tamaño de fuente a **14** y aplique **Negrita**.

30. Guarde los cambios y cierre PowerPoint.

Capítulo 7: Aplicar Transiciones, Animaciones y Multimedia

En este capítulo aprenderá a:

- Asignar transiciones a las diapositivas

- Aplicar animaciones a los objetos

- Añadir contenido multimedia

Use la carpeta Capítulo7 para los ejercicios de este capítulo.

Sea cual sea la información que desea transmitir a la audiencia a través de su presentación, esta no tendrá ningún valor si no mantiene la atención de la audiencia. No importa cuántas animaciones le pueda aplicar a su presentación, ya que la diferencia entre una buena y una excelente presentación se basa en el uso juicioso de los elementos animados.

Incorporar estos efectos dinámicos puede ayudarle a mantener la atención de la audiencia, enfatizar puntos clave, controlar el enfoque de la información y claro, entretener al público para que puedan comprender el mensaje.

A veces, transmitir la información adecuada puede hacerse introduciendo audio y vídeo a sus presentaciones. Puede añadir música de fondo en determinadas secciones de su presentación para relajar o animar a la audiencia, así como vídeos que explican con detalles lo que no se puede decir con palabras.

En este capítulo aprenderá a aplicar efectos de transición a sus diapositivas, aplicará animaciones a los objetos y terminará añadiendo audio y vídeo.

Asignar transiciones a las diapositivas

Las transiciones determinan cómo puede pasar de la diapositiva *A* hacia la diapositiva *B*. La transición por defecto entre cada diapositiva es **Ninguna**, significa que una diapositiva reemplaza a otra sin ningún efecto especial. Sin embargo, puede aplicar transiciones animadas para que capte la atención de la audiencia.

Las transiciones se aplican a la diapositiva entera, y puede elegir entre una transición manual o automática. Por ejemplo, si el presentador está frente a una audiencia, puede requerir usar transiciones manuales. Con una transición manual, el presentador deberá hacer clic para ir moviéndose entre diapositiva y diapositiva. Suena incómodo, pero ayuda a que el presentador controle lo que muestra en pantalla y le da tiempo a explicar o responder ciertas preguntas del público. Por otro lado, si ha preparado una presentación que funciona como un material publicitario para sus clientes, es posible que quiera que las diapositivas avancen solas, por lo que puede utilizar una presentación automática.

> *Recuerde que puede utilizar un Presentador multimedia para avanzar manualmente por las diapositivas. Vea Trabajar con la vista Presentación con diapositivas en el Capítulo 2: Trabajar con Presentaciones.*

Puede aplicar un efecto de transición a través del grupo **Transición a esta diapositiva** en la pestaña **Transición**. Desde la galería puede señalar cada miniatura para ver el nombre de cada efecto de transición. Cuando decida el efecto adecuado, haga clic sobre la miniatura.

Puede usar el botón Vista previa para volver a ver el efecto de transición.

Tenga en cuenta que un efecto de transición se aprecia al aparecer la diapositiva mas no cuando sale. Esto significa que, si quiere un efecto de transición entre la diapositiva 1 y 2, entonces debe aplicar el efecto a la diapositiva 2.

Para aplicar un efecto de transición

1. Seleccione la diapositiva.

2. En la pestaña **Transición**, en el grupo **Transición a esta diapositiva**, haga clic en el botón **Más** para expandir la galería.

3. Con la galería expandida, haga clic en una miniatura para seleccionar un efecto de transición. Al hacer clic, podrá ver una vista previa del efecto de transición elegido.

4. Para volver a ver el efecto, en el grupo **Vista previa**, haga clic en el botón **Vista previa**.

Para elegir una variante de transición

1. Aplique la transición que más le guste.

2. En el grupo **Transición a esta diapositiva**, clic en **Opciones de efectos** y seleccione la variante que se desea.

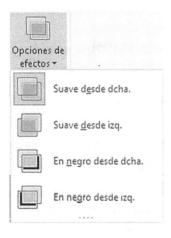

Configurar el efecto de transición

Por defecto, PowerPoint asigna la transición *Ninguno* a todas las diapositivas y cada una de ellas puede avanzar manualmente haciendo clic sobre la diapositiva mientras está en la vista de presentación. Sin embargo, puede aplicar varias configuraciones como: el tiempo para avanzar entre diapositivas, el tiempo que dura cada transición, y un sonido.

En el grupo **Intervalos**, la casilla **Al hacer clic con el mouse** está activa por defecto. Esto significa que para avanzar a otra diapositiva deberá hacerlo manualmente con el clic del mouse. Puede activar la casilla **Después de** y añadir un intervalo de tiempo que le dice a la diapositiva cuánto tiempo debe quedarse en pantalla, y pasado ese lapso, pasar a la siguiente diapositiva.

Por otro lado, en la etiqueta **Duración**, puede especificar en segundos *la cantidad de tiempo que demora un efecto de transición*. Este tiempo no tiene nada que ver con el intervalo aplicado en la etiqueta **Después de**.

Además, si es necesario, puede elegir un sonido para que pueda ser reproducido mientras se muestra el efecto de transición. Al hacer clic sobre el cuadro desplegable **Sonido**, se despliega un menú con los sonidos incorporados en PowerPoint.

La mayoría de los sonidos son bastante cortos, por lo que puede activar la opción **Repetir hasta el próximo sonido** para que el sonido se repita. Tenga en cuenta que, si no ha aplicado ningún otro sonido en las siguientes diapositivas, el sonido seguirá repitiéndose. Si no desea aplicar un sonido a la siguiente diapositiva para detener el sonido de la diapositiva anterior, active la opción **[Detener sonido anterior]**.

Por último, puede utilizar la opción **Otro sonido** y elegir su propio archivo de sonido en formato *.WAV*.

Para activar o desactivar el avance manual con el clic del mouse

1. En la pestaña **Transición**, en el grupo **Intervalos**, active o desactive la casilla **Al hacer clic con el mouse** para activar o desactivar el avance manual respectivamente. Si ha desactivado esta opción, y aún quiere avanzar manualmente, deberá pulsar la tecla `Enter`.

Para avanzar automáticamente a la siguiente diapositiva

1. En la pestaña **Transición**, en el grupo **Intervalos**, active la casilla **Después de**.

2. En el cuadro de tiempo, use los botones **Arriba** o **Abajo** para aumentar o disminuir el tiempo de duración de la diapositiva en pantalla.

3. De ser necesario, desactive la casilla **Al hacer clic con el mouse** para deshabilitar por completo el avance manual.

Avanzar a la diapositiva
☐ Al hacer clic con el mouse
☑ Después de: 00:05,00 ‹›

Para aplicar el tiempo que durará el efecto de transición

1. Aplique un efecto de transición.

2. En la pestaña **Transición**, en el grupo **Intervalos**, clic en el cuadro de tiempo de **Duración** y use los botones **Arriba** o **Abajo** para aumentar o disminuir el tiempo de duración del efecto de transición.

Para elegir un sonido de transición

1. Aplique un efecto de transición.

2. En la pestaña **Transición**, en el grupo **Intervalos**, clic en la flecha del cuadro desplegable **Sonido**.

3. De la lista desplegable, haga clic en el sonido que sea adecuado para su diapositiva.

4. Para escuchar el sonido, haga clic en el botón **Vista previa**.

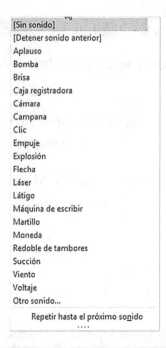

[Sin sonido]
[Detener sonido anterior]
Aplauso
Bomba
Brisa
Caja registradora
Cámara
Campana
Clic
Empuje
Explosión
Flecha
Láser
Látigo
Máquina de escribir
Martillo
Moneda
Redoble de tambores
Succión
Viento
Voltaje
Otro sonido...
Repetir hasta el próximo sonido

Para repetir el sonido durante toda la presentación

1. Clic en la flecha del cuadro desplegable **Sonido** y active la opción **Repetir hasta el próximo sonido**.

Para detener la repetición de un sonido sin aplicar otro sonido

1. Active la diapositiva donde desea que se detenga el sonido.

2. Clic en la flecha del cuadro desplegable **Sonido** y clic en **[Detener sonido anterior]**.

Para insertar su propio archivo de sonido a la transición

1. Clic en la flecha desplegable del cuadro **Sonido** y clic en **Otro sonido**. Se abre el cuadro de diálogo **Agregar audio**.

2. Dentro del cuadro de diálogo **Agregar audio**, navegue hasta la carpeta donde se encuentra su archivo de sonido con formato WAV, selecciónelo, y clic en **Aceptar**.

Para aplicar las configuraciones de transición a todas las diapositivas.

1. En la pestaña **Transición**, en el grupo **Intervalos**, clic en **Aplicar a todo**.

Ejercicio Paso a Paso

En este ejercicio aprenderá a aplicar transiciones a sus diapositivas. Luego, configurará el tiempo para los efectos de transición. Por último, aplicará un intervalo de tiempo para avanzar entre diapositivas y añadirá un sonido.

> *Abrir la presentación Transición.pptx.*

1. Para empezar a aplicar una transición, seleccione la diapositiva 2.

2. Clic en la pestaña **Transición**, y en el grupo **Transición a esta diapositiva**, haga clic en el botón **Más** para expandir la galería.

3. En la sección **Llamativo**, clic en **Panal**.

   Al hacer clic sobre la miniatura **Panal**, se muestra una vista previa del efecto. Además, revise el cuadro **Duración** en el grupo Intervalos, donde puede ver el tiempo que tarda el efecto de transición. Cada efecto de transición tiene una duración diferente por defecto.

4. Para volver a ver el efecto, en el grupo **Vista previa**, haga clic en el botón **Vista previa**.

5. Seleccione la diapositiva 3 y aplique la transición **Vórtice**.

> *Recuerde que puede hacer clic en el botón Vista previa para volver a ver el efecto de transición.*

6. Haga clic en **Opciones de efectos** y seleccione **Desde abajo**.

    Como puede ver, acaba de elegir una variante del efecto de transición **Vórtice**.

7. Seleccione la diapositiva 4 y aplique la transición **Forma**. Use el botón **Opciones de efectos** y cambie por **Rombo**.

8. Seleccione la diapositiva 5 y aplique la transición **Transformar**.

9. Clic en **Opciones de efectos** y haga clic en cada opción.

    Revise cada variante y elija la que más le guste.

10. En el grupo **Intervalos**, en el cuadro **Duración**, aumente a 04:00 segundos. Luego, haga clic en el botón **Vista previa** y vea que ahora la transición es un poco más lenta.

11. Seleccione la diapositiva 1 y en el grupo **Intervalos**, desactive la casilla **Al hacer clic con el mouse**.

12. Active la casilla **Después de** y agregue **00:05:00** segundos.

13. Active nuevamente la diapositiva 2, y en el grupo **Intervalos**, haga clic en flecha del comando **Sonido**, y seleccione **Viento**.

14. Desactive la casilla **Al hacer clic con el mouse** y active la casilla **Después de**. A continuación, agregue **00:05:00** segundos.

15. Para las diapositivas 3, 4 y 5, desactive la casilla **Al hacer clic con el mouse** y active la casilla **Después de**. Luego, agregue **00:05:00** segundos.

16. Pulse $F5$ para ver la presentación y espere a que este concluya automáticamente.

17. Guarde los cambios y cierre su presentación.

Aplicar transiciones dinámicas

Con las nuevas características de PowerPoint 2016 con una suscripción a Office 365, puede aplicar transiciones dinámicas a su presentación a través de un efecto de zoom como lo hace la aplicación Prezi.

> *Prezi es una aplicación para la creación de presentaciones modernas y dinámicas que funciona a través de la web. Puede aprender más sobre el uso de Prezi con nuestro libro Presentaciones con PowerPoint y Prezi Paso a Paso.*

Esta nueva característica de transición dinámica se le conoce en PowerPoint como **Vista general**. Puede acceder a este comando a través de la pestaña **Insertar**, dentro del grupo **Vínculos**.

Dentro del comando **Vista general** tendrá tres opciones a elegir:

- **Vista general de resumen:** Permite crear una nueva diapositiva en blanco que funciona como contenedor de todas las diapositivas en la presentación. Si hay secciones en la presentación, la primera diapositiva de cada sección será marcada y utilizada como parte de la vista general de resumen. En caso no existan secciones, se añadirán automáticamente nuevas secciones al comienzo de las diapositivas seleccionadas.

- **Vista general de sección:** Permite utilizar la primera diapositiva de cada sección como una vista general de resumen. Con esta opción, las miniaturas de diapositivas que servirán como resumen deberán estar dentro de alguna de las diapositivas en la presentación, o crear una nueva diapositiva para tal fin.

- **Vista general de diapositiva:** Permite utilizar cualquier diapositiva - independientemente de su sección- como parte de la vista general de resumen. Las miniaturas de diapositivas que servirán como resumen deberán estar dentro de alguna de las diapositivas en la presentación, o crear una nueva diapositiva para tal fin.

Para ver en acción la vista general de resumen, deberá activar la vista de presentación. Dependiendo de su configuración de transición, la presentación avanzará de forma manual o automática. Si ha aplicado un efecto de transición este no se mostrará. En cambio, dependiendo de su estructura, avanzará entre diapositivas a través de giros y zoom.

Tómese un tiempo para planificar su presentación y estructure cuidadosamente el diseño de su vista general de resumen. Coloque las miniaturas de diapositivas con precaución para que la audiencia no se incomode con tanto giro y zoom.

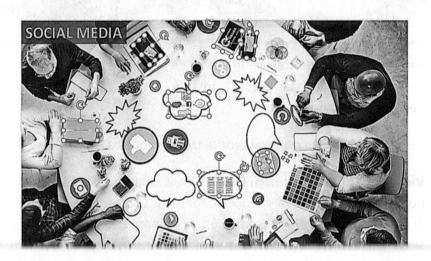

Al seleccionar una miniatura de diapositiva que forma parte de la vista general, se mostrará la pestaña contextual **Herramientas de la vista general** junto a su pestaña **Formato**. Desde aquí podrá realizar algunos cambios simples de formato, como el cambio de imagen, regresar a la diapositiva principal, aplicar una duración de transición de zoom, y algunas opciones más.

Para aplicar una vista general de resumen

1. Clic en la pestaña **Insertar**, y en el grupo **Vínculos**, clic en **Vista general**.

2. Clic en **Vista general de resumen**. Se abre el cuadro de diálogo **Insertar vista general de resumen**.

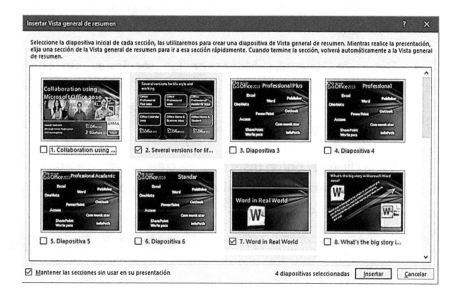

3. Dentro del cuadro de diálogo **Insertar vista general de resumen** puede realizar las siguientes opciones:

   • Haga clic en las miniaturas de diapositivas que formarán parte de la vista general de resumen. Si no hay secciones en la presentación, se crearán nuevas secciones a partir de las diapositivas seleccionadas.

 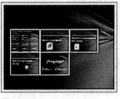 

☐ 1. Collaboration using ...   ☐ 2. Diapositiva 2   ☑ 3. Several versions for lif...

- Vuelva a hacer clic sobre las diapositivas seleccionadas para quitarlas de la vista general de resumen.

- Si la presentación ya cuenta con secciones y no ha seleccionado la miniatura de diapositiva que da inicio a una sección, puede activar la casilla **Mantener las secciones sin usar en su presentación** para que esas secciones no se eliminen al crear la vista general de resumen.

- Desactive la casilla **Mantener las secciones sin usar en su presentación** para que la vista general de resumen elimine las secciones de la presentación y cree unas nuevas basado en las miniaturas de diapositivas seleccionadas.

- Haga clic en el botón **Insertar** para crear la vista general de resumen o clic en **Cancelar** para salir del cuadro de diálogo **Insertar vista general de resumen.**

Para aplicar una vista general de sección

1. Verifique que su presentación esté organizada en secciones.

2. Seleccione la diapositiva que servirá como diapositiva principal para la vista general de sección.

3. En la pestaña **Insertar**, en el grupo **Vínculos**, clic en **Vista general** y seleccione **Vista general de sección**. Se abre el cuadro de diálogo **Vista general de sección** mostrando solo las miniaturas de diapositivas que dan inicio a la sección.

4. Seleccione las miniaturas de diapositivas y haga clic en **Insertar**.

5. Organice las miniaturas de diapositivas para su presentación.

Para aplicar una vista general de diapositiva

1. Seleccione la diapositiva que servirá como diapositiva principal para la vista general de sección.

2. En la pestaña **Insertar**, en el grupo **Vínculos**, clic en **Vista general** y seleccione **Vista general de diapositiva**. Se abre el cuadro de diálogo **Vista general de sección** mostrando todas las diapositivas que hay en la presentación.

3. Seleccione las miniaturas de diapositivas y haga clic en **Insertar**.

4. Organice las miniaturas de diapositivas para su presentación.

Para quitar el efecto de zoom a una diapositiva

1. Seleccione la miniatura de diapositiva.

2. En la pestaña contextual **Formato**, en el grupo **Opciones de zoom**, desactive la casilla **Transición de vista general**.

Para volver a la diapositiva principal

1. Seleccione la miniatura de diapositiva.

2. En la pestaña contextual **Formato**, en el grupo **Opciones de zoom**, desactive la casilla **Volver a zoom**.

Para cambiar la duración de zoom

1. Seleccione la miniatura de diapositiva.

2. En la pestaña contextual **Formato**, en el grupo **Opciones de zoom**, clic en el cuadro **Duración** y aumente o disminuya el tiempo de transición de zoom.

Para cambiar la imagen de la miniatura de diapositiva

1. Seleccione la miniatura de diapositiva.

2. En la pestaña contextual **Formato**, en el grupo **Opciones de zoom**, clic en el botón **Cambiar imagen**. Se abre el cuadro de diálogo **Insertar imágenes**.

3. Dentro de cuadro de diálogo **Insertar imágenes**, seleccione la imagen y clic en **Insertar**.

Para quitar el fondo de la miniatura de diapositiva

1. Seleccione la miniatura de diapositiva.

2. En la pestaña contextual **Formato**, en el grupo **Estilos de vista general**, clic en el botón **Fondo de zoom**.

Para editar solo la vista general de resumen

1. Seleccione la miniatura de diapositiva.

2. En la pestaña contextual **Formato**, en el grupo **Opciones de zoom**, clic en el botón **Editar resumen**.

Ejercicio Paso a Paso

En el siguiente ejercicio aprenderá a crear una vista general de diapositivas.

Abrir la presentación Zoom.pptx.

1. Con la diapositiva 1 seleccionada, haga clic en la pestaña **Insertar**, y en el grupo **Vínculos**, clic en **Vista general**.

2. Clic en **Vista general de diapositiva**.

   Se abre el cuadro de diálogo **Insertar vista general de diapositiva**.

3. Clic en las miniaturas de diapositiva desde la diapositiva 2 hasta el 9.

   De esta manera, las diapositivas de la presentación quedan seleccionadas.

4. Clic en el botón **Insertar**.

   Todas las diapositivas seleccionadas en el cuadro de diálogo aparecen como miniaturas en la diapositiva 1 y están organizadas en cascada.

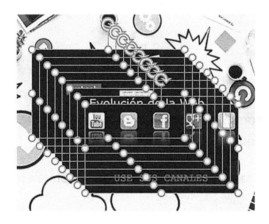

5. Clic en un lugar fuera de las miniaturas para dejar de seleccionarlas.

6. Seleccione la miniatura que está delante y en la pestaña contextual **Formato**, en el grupo **Tamaño**, aplique un ancho de **0.68cm**.

   La miniatura de diapositiva se ajusta a un tamaño mucho más pequeño.

7. Para que pueda ver mejor la miniatura, aumente el nivel de zoom al que mejor le parezca.

Nivel de zoom aumentado

8. Lleve su miniatura seleccionada y posiciónelo justo encima de la taza de café que se encuentra en la parte inferior de la imagen.

9. En la pestaña contextual **Formato**, en el grupo **Estilos de vista general**, clic en **Fondo de zoom**.

    La miniatura deja de tener un fondo y se adapta mejor al color de la taza de café.

10. Seleccione la próxima miniatura que se encuentra delante de las demás y aplique un ancho de **2.46cm**, haga clic en el botón **Fondo de zoom**, y posiciónelo a la izquierda tal como lo muestra la siguiente imagen. Luego, use el controlador de giro para posicionar mejor la miniatura.

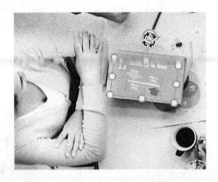

Con el *paso 10*, ya tiene la idea de cómo deben quedar cada una de las miniaturas. Deberá ajustar su tamaño, quitar el fondo de zoom, posicionarlo y si es necesario, girarlos.

Antes de ir al *paso 11*, tómese un tiempo para posicionar cada miniatura en el lugar que crea conveniente.

> *Para inspirarse, puede abrir la presentación Zoom_Terminado.pptx que se encuentra en la carpeta Capítulo6.*

11. Pulse la tecla `F5` para dar inicio a la vista de presentación.

    La primera diapositiva muestra la estructura de su vista general. Como la presentación de este ejercicio está configurada para que avance automáticamente, espere a que avance sola.

    La transición a la siguiente diapositiva tendrá un efecto zoom y posiblemente tenga un efecto de giro dependiendo de si ha girado la miniatura

12. Cuando haya terminado de ver la presentación completa, pulse Esc.

13. Guarde los cambios y cierre la presentación.

Animar el contenido de las diapositivas

Mientras que las transiciones determinan cómo una diapositiva -como un todo- entra a la pantalla, las animaciones determinan qué le sucede al contenido de la diapositiva después de la transición. En el mundo de las presentaciones, una *animación* se refiere al movimiento de un elemento en una diapositiva. Cuando esta característica se usa apropiadamente, puede capturar la atención de la audiencia y transmitir efectivamente la información. Tenga en cuenta que, una animación diseñada con conciencia, puede ser más informativa que el mismo orador ya que los miembros de la audiencia están más receptivos a una *entrada visual* que a una *entrada auditiva*.

> *Puede animar cualquier objeto individual en una diapositiva, ya sea un marcador de posición, imágenes y formas.*

En PowerPoint, puede configurar cuatro tipos de animaciones: la entrada, el desplazamiento, el énfasis y la salida de los objetos. Todas estas opciones se encuentran en la pestaña **Animaciones**, dentro del grupo **Animación** y expandiendo la galería **Animación**.

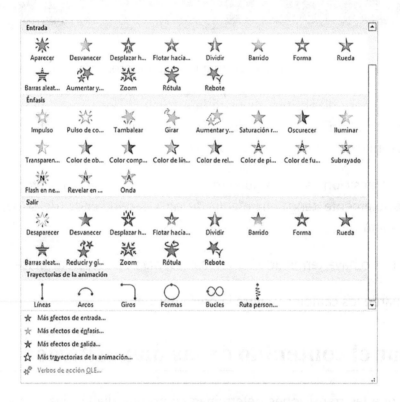

Para aplicar una animación solo debe seleccionar el objeto y hacer clic en alguna de las animaciones dentro de la galería **Animación**. Si algunas de las opciones de la galería no se ajustan a lo que necesita, puede hacer clic en las opciones **Más efectos de entrada, énfasis, salida** o **trayectorias de la animación** para abrir sus respectivos cuadros de diálogo y ver más animaciones.

Dependiendo del tipo de objeto seleccionado y el tipo de animación elegida, el botón **Opciones de efectos** mostrará diferentes alternativas de animación. Por ejemplo, si piensa animar un diagrama, puede hacer que el efecto de entrada del diagrama sea *forma por forma*.

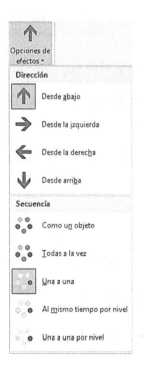

Para aplicar o cambiar la animación a un objeto

1. Seleccione el objeto al que quiere aplicar una animación.

2. En la pestaña **Animaciones**, en el grupo **Animación**, clic en el botón **Más** para expandir la galería.

3. Dentro de la galería de **Animación**, realice alguna de estas opciones:

    -   Haga clic en el icono del efecto de animación que quiera usar.

    -   Haga clic en **Más efectos de entrada**, **Más efectos de énfasis**, **Más efectos de salida** o **Más trayectorias de la animación** para abrir sus respectivos cuadros de diálogo. Seleccione el efecto de animación que quiera, y haga clic en **Aceptar**.

Para cambiar las opciones de efectos.

1. En la pestaña **Animaciones**, en el grupo **Animación**, clic en **Opciones de efectos**.

2. Clic en la opción de efecto que se ajuste a sus necesidades.

Para aplicar una animación a un marcador de posición

1. Realice alguna de estas acciones.

    -   Haga clic en las líneas discontinuas del marcador de posición y aplique una animación.

    -   Seleccione solo el texto dentro del marcador de posición y aplique una animación.

2. Clic en el botón **Opciones de efectos** y elija la opción que necesita. Las opciones que aparecen en este menú dependerán de si seleccionó el marcador de posición o el texto que está dentro de él.

Para visualizar nuevamente el efecto de animación

1. En la pestaña **Animaciones**, en el grupo **Vista previa**, clic en **Vista previa**.

Configurar las animaciones de los objetos

Desde la galería **Animación** solo podrá elegir una animación para su objeto seleccionado. Por ejemplo, si hace clic en un efecto de entrada, y luego clic en un efecto de salida, el objeto solo mostrará la animación del efecto de salida. Si desea añadir más efectos al mismo objeto, debe hacerlo a través del botón **Agregar animación**, ubicado en el grupo **Animación avanzada**.

Una forma de aplicar una misma animación a otros objetos es usando el botón **Copiar animación**. Seleccione un objeto que tenga animación y luego haga clic en el botón **Copiar animación.** A continuación, haga clic en el objeto sin animar y este heredará la animación copiada.

Cada vez que aplica una animación, unos números aparecen a la izquierda del objeto. Estos números especifican el orden de los efectos de animación. Tenga en cuenta que estos números solo están visibles cuando la pestaña **Animaciones** está activa.

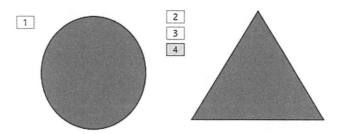

Una forma de organizar los diferentes objetos animados en su diapositiva es usando el **Panel de animación**. Cada animación numerada en la diapositiva tiene una entrada correspondiente en el Panel de animación que proporciona información y opciones para gestionar las animaciones.

La barra de color en cada entrada del panel de animación representa las animaciones de *Entrada* (*verde*), *Énfasis* (*amarillo*), *Salida* (*rojo*) y *Movimiento* (*azul*) y su respectiva duración. Cada entrada en el panel de animación es un evento individual por lo que puede cambiar su posición para cambiar el orden de la animación.

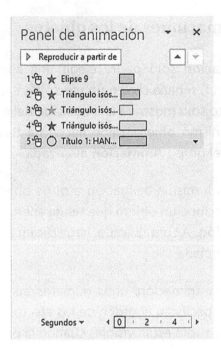

Todos los objetos animados funcionan al hacer clic, sin embargo, puede cambiar este comportamiento desde el grupo **Intervalos**. Los comandos que encontrará le permitirán realizar las siguientes acciones:

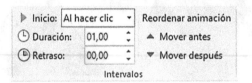

- **Dar inicio a la animación de un objeto:** Haga clic en la flecha desplegable **Inicio** para elegir entre las opciones **Al hacer clic**, **Con la anterior** o **Después de la anterior**. Si desea que la primera entrada en el panel de animación muestre su efecto de animación automáticamente, configure este objeto con la opción **Con la anterior**.

- **Configurar la duración:** En el cuadro **Duración**, especifique la duración que tendrá la animación de un objeto. La barra de color en el panel de animación cambiará su tamaño para reflejar la duración configurada.

- **Retrasar el inicio de la animación de un objeto:** En el cuadro **Retraso**, especifique el tiempo de demora que tendrá un objeto para que dé inicio a su animación. La barra de color en el panel de animación se moverá a la derecha para especificar el retraso.

- **Reorganizar la animación:** Seleccione una entrada en el panel de animación y haga clic en los botones **Mover antes** o **Mover después** para reorganizar sus entradas.

Para añadir más animaciones al mismo objeto seleccionado

1. En la pestaña **Animaciones**, en el grupo **Animación avanzada**, haga clic en **Agregar animación**.

2. Haga clic en un efecto de animación. Si es necesario, desde esta galería también puede abrir los cuadros de diálogo correspondientes a los efectos de *Entrada, Énfasis, Salida* y *Trayectorias de la animación*.

Para copiar la animación de un objeto a otro

1. Seleccione el objeto que tiene todas las animaciones que quiere copiar.

2. En la pestaña **Animaciones**, en el grupo **Animación avanzada**, haga clic en **Copiar animación**.

3. Haga clic en el objeto que no posee ninguna animación.

Para activar o desactivar el Panel de animación

1. En la pestaña **Animaciones**, en el grupo **Animación avanzada**, haga clic en **Panel de animación**.

Para dar inicio a la animación de un objeto

1. Seleccione el objeto al que quiere cambiar su inicio de animación.

2. En la pestaña **Animaciones**, en el grupo **Intervalos**, clic en la flecha desplegable **Inicio** y seleccione alguna de las opciones.

O

1. Dentro del panel de animación, seleccione una entrada.

2. Haga clic en la flecha que se ubica a la derecha de la entrada y seleccione la opción **Al hacer clic**, **Con la anterior** o **Después de la anterior**.

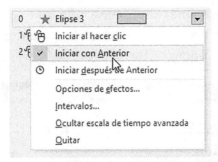

Para configurar la duración de la animación

1. Seleccione el objeto al que quiere cambiar su duración.

2. En la pestaña **Animaciones**, en el grupo **Intervalos**, clic en cuadro **Duración** y cambie el tiempo de duración de la animación.

> *Recuerde. Si su objeto tiene varias animaciones, el tiempo de duración se aplicará a cada una de estas animaciones.*

O

1. Dentro del panel de animación, seleccione una entrada.

2. Coloque el puntero del mouse a la derecha de la barra de color hasta que cambie su forma, y arrastre hacia la derecha o izquierda para cambiar la duración.

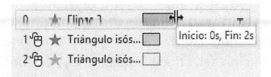

O

1. Dentro del panel de animación, seleccione una entrada.

2. Clic en la flecha ubicado a la derecha de la entrada y seleccione la opción **Intervalos**. Se abre el cuadro de diálogo de las opciones de efectos.

3. En la pestaña **Intervalos**, clic en la flecha de la etiqueta *Duración* y seleccione la opción que se ajuste a sus necesidades.

4. Clic en **Aceptar**.

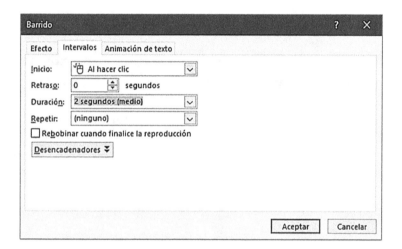

Para retrasar la animación

1. Seleccione el objeto al que quiere demorar el inicio de la animación.

2. En la pestaña **Animaciones**, en el grupo **Intervalos**, clic en cuadro **Retraso** y cambie el tiempo de demora de la animación.

O

1. Dentro del panel de animación, seleccione una entrada.

2. Coloque el puntero del mouse en el medio de la barra de color hasta que cambie su forma, y arrastre hacia la derecha o izquierda para configurar el tiempo de demora de la animación.

Ejercicio Paso a Paso

En el siguiente ejercicio aprenderá a aplicar efectos de animación a diferentes objetos en las diapositivas, cambiará las opciones de efectos, copiará la animación y por último utilizará el panel de animación para configurar las entradas.

> *Abrir la presentación Animaciones.pptx.*

1. En la diapositiva 1, seleccione el texto del subtítulo: *Creado por Handz...*

2. Clic en la pestaña **Animaciones**, y en el grupo **Animación**, haga clic en el botón **Más** para expandir la galería de efectos de animación.

3. En la sección *Entrada*, haga clic en el efecto **Dividir**.

   Al aplicar esta opción, automáticamente verá el efecto de animación en el texto seleccionado.

4. Seleccione la diapositiva 2 y haga clic dentro del marcador de posición del texto. A continuación, en la galería de efectos de animación, haga clic en la animación de entrada **Barrido**.

   Como puede ver, no ha sido necesario seleccionar todo el texto para aplicar el efecto de animación **Barrido**.

5. En el grupo **Animación avanzada**, haga clic en **Panel de animación**.

   Se abre el panel de animación. Observe que solo existe una entrada en el panel ya que hasta ahora solo ha aplicado una animación en la diapositiva 2.

6. Seleccione la entrada en el **Panel de animación**, y haga clic en el botón **Reproducir a partir de**.

   El efecto de animación se reproduce. Además, en la parte inferior del Panel de animación se encuentra una línea de tiempo que avanza mientras se reproduce la animación.

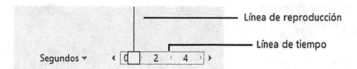

7. En el grupo **Animación**, clic en **Opciones de efectos** y seleccione **Desde la izquierda**.

Acaba de cambiar la dirección en la que se reproduce la animación. Sin embargo, aún aparece demasiado rápido en pantalla por lo que a continuación, deberá cambiar su duración.

8. En el grupo **Intervalos**, en el cuadro **Duración**, aumente a **01.75** segundos.

Mientras va aumentando los segundos en el cuadro **Duración**, la barra de color de la entrada, en el **Panel de animación,** también va aumentando para reflejar los cambios de duración de la animación.

9. Clic nuevamente en **Reproducir a partir de** y note la duración actual del efecto de animación.

10. Active la diapositiva 3 y luego seleccione el diagrama. A continuación, aplique el efecto de animación de entrada **Barrido**.

Como puede notar, el efecto de animación afecta a todos los objetos del diagrama en conjunto. Por esta razón, la etiqueta número 1 aparece a la izquierda del diagrama.

11. Clic en **Opciones de efectos**, y en la sección **Secuencia**, clic en **Una a una**.

Observe que ahora cada objeto en el diagrama tiene su propia animación y aparecen hasta 19 etiquetas de números que los representan.

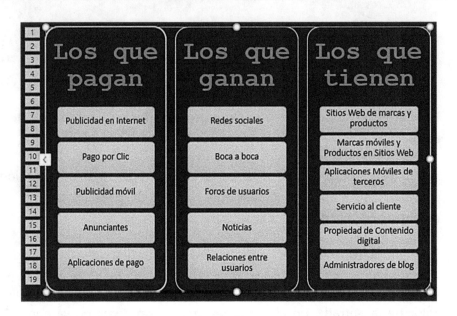

12. En el **Panel de animación**, clic en el botón **Haga clic para ampliar el contenido**.

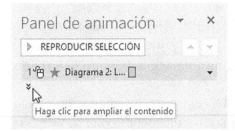

Ahora puede ver directamente en el panel las 19 entradas animadas.

13. Active la diapositiva 4 y seleccione el gráfico.

14. Expanda la galería de animación y haga clic en **Más efectos de entrada**.

Se abre el cuadro de diálogo **Cambiar efectos de entrada**.

15. En la sección *Moderado*, haga clic en **Zoom básico** y clic en **Aceptar**.

16. Clic en **Opciones de efectos**, y en la sección *Zoom*, haga clic en **Fuera**.

17. Nuevamente clic en **Opciones de efectos**, y en la sección *Secuencia*, clic en **Por categoría**.

18. Active la diapositiva 5 y seleccione la forma superior. Luego, aplique la animación de entrada **Zoom**.

19. En el grupo **Animación avanzada**, clic en **Agregar animación**, y desde la galería, en la sección *Salir*, clic en **Barras aleatorias**.

20. En el grupo **Vista previa**, clic sobre el botón **Vista previa** y vea la animación.

21. Si es necesario, seleccione nuevamente la forma que acaba de animar. Luego, en el grupo **Animación avanzada**, clic en **Copiar animación**.

22. Haga clic en la forma de la derecha.

    La forma que acaba de seleccionar hereda la animación de entrada y salida aplicada al primer objeto.

23. Repita los pasos 21 y 22 para aplicar la misma animación a las formas que faltan.

24. En el **Panel de animación**, seleccione la entrada 1. A continuación, desde el grupo **Intervalos**, clic en la flecha desplegable **Inicio** y seleccione **Con la anterior**.

    La entrada muestra a la izquierda el número **0**. Esto significa que la animación de la primera entrada se reproducirá automáticamente ni bien aparezca la diapositiva en pantalla.

25. Haga clic en la entrada 2 (ahora numerada como 1), y pulsando la tecla *Mayús* (*Shift*), clic en la última entrada.

    Acaba de seleccionar las entradas restantes.

26. En el grupo **Intervalos**, clic en la flecha desplegable de Inicio y seleccione **Después de la anterior**.

27. Haga clic en el botón **Vista previa** y vea cómo ha quedado la animación de la diapositiva 5.

28. De ser necesario, ajuste la duración de cada entrada y vuelva a hacer clic en el botón **Vista previa** para ver cómo va quedando la animación.

29. Pulse la tecla *F5* para ver las animaciones a pantalla completa. Tenga en cuenta que gran parte de las animaciones se reproduce manualmente.

30. Guarde los cambios y cierre la presentación.

Añadir audio y vídeo a las diapositivas

PowerPoint es ideal para la presentación de contenido multimedia. Puede insertar dentro de sus diapositivas contenido de audio y vídeo, los cuales pueden ser reproducidos mientras está en la vista presentación.

Antes de empezar con la exposición frente a una audiencia, podría ser recomendable reproducir una música mientras los asistentes van llegando y tomando asiento. Por otro lado, si planea distribuir su presentación para que el usuario pueda verlo desde su casa, sería buena idea incluir una narración en la presentación. Si lo desea, puede grabar su narración desde el mismo PowerPoint.

> *PowerPoint soporta varios tipos de formatos de audio como MP3, WAV y WMA, además de los formatos especializados como ADTS, AU, FLAC, MIDI y MKA.*

Algunas veces, la mejor forma de asegurarse que su audiencia comprenda su mensaje es mostrando un vídeo. Si planea explicar en palabras el próximo anuncio publicitario de su marca, posiblemente muy pocos lo entiendan. Tiene más sentido incluir un vídeo para que todos los vean.

Puede insertar un vídeo desde su almacenamiento local, o desde alguno de sus servicios conectados como Facebook, YouTube o OneDrive.

Para insertar un archivo de audio desde su almacenamiento local o extraíble

1. En la pestaña **Insertar**, en el grupo **Multimedia**, clic en **Audio** y seleccione **Audio en Mi PC**. Se abre el cuadro de diálogo **Insertar audio**.

2. Dentro del cuadro de diálogo **Insertar audio**, navegue hasta la carpeta donde se encuentra su archivo de audio, seleccione el archivo y clic en el botón **Insertar**. Aparece un icono de audio en la diapositiva.

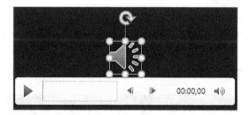

Para grabar audio directamente en la diapositiva

1. En la pestaña **Insertar**, en el grupo **Multimedia**, clic en **Audio** y seleccione **Grabar audio**. Se abre el cuadro de diálogo **Grabar sonido**.

2. Dentro del cuadro de diálogo **Grabar sonido**, realice estas acciones:

- En el cuadro **Nombre**, escriba un nombre para su grabación de audio.

- Clic en el botón **Iniciar grabación** y usando su micrófono, comience con la narración.

- Si terminó de narrar, haga clic en el botón **Detener grabación.**

- Verifique la etiqueta **Duración total de sonido** para saber el tiempo de grabación. Si detiene la grabación y comienza a grabar nuevamente, la duración empezará desde **0**.

- Al terminar la grabación, puede hacer clic en el botón **Reproducir grabación** para escuchar lo grabado.

- Clic en **Aceptar** para que la grabación quede insertada en la diapositiva como un icono. Clic en **Cancelar** para descartar todo.

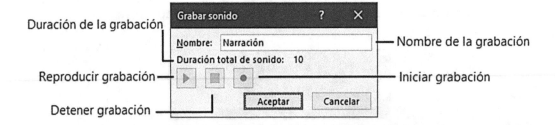

Para insertar un archivo de vídeo desde su almacenamiento local o extraíble

1. En la pestaña **Insertar**, en el grupo **Multimedia**, clic en **Vídeo** y seleccione **Vídeo en Mi PC**. Se abre el cuadro de diálogo **Insertar vídeo**.

2. Dentro del cuadro de diálogo **Insertar vídeo**, navegue hasta la carpeta donde se encuentra su archivo de vídeo, seleccione el archivo y clic en el botón **Insertar**. Aparece el vídeo en la diapositiva.

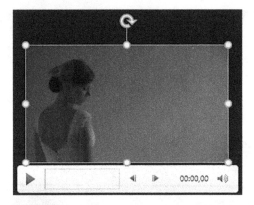

Para insertar un vídeo desde YouTube

1. En la pestaña **Insertar**, en el grupo **Multimedia**, clic en **Vídeo** y seleccione **Vídeo en línea**. Se abre la ventana de diálogo **Insertar vídeo**.

2. En la sección *Youtube*, haga clic en el cuadro de búsqueda y realice alguna de estas acciones:

   • Escriba una palabra clave que coincida con la búsqueda del vídeo que quiere insertar. Por ejemplo, puede escribir `Vestido de novias` y pulsar `Enter`.

   • Copie y pegue la URL compartida del vídeo de YouTube y pulse `Enter`.

3. Seleccione una miniatura y haga clic en **Insertar**.

Para reproducir el archivo multimedia mientras está en la vista Normal

1. Seleccione o señale el icono de audio o el objeto de vídeo insertados en su diapositiva. Al seleccionarlos, se mostrará su barra de herramientas de reproducción.

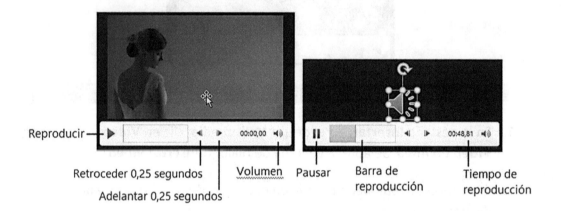

Reproducir

Retroceder 0,25 segundos   Volumen   Pausar   Barra de reproducción   Tiempo de reproducción

Adelantar 0,25 segundos

2. Realice algunas de estas acciones:

   • Clic en el botón **Reproducir** para ver o escuchar su archivo multimedia. Mientras se va reproduciendo el archivo, el botón cambiará a **Pausar**.

   • La **Barra de reproducción** muestra el avance de reproducción del archivo. Sin embargo, el área **Tiempo de reproducción** muestra el tiempo con más detalles.

   • Use los botones **Retroceder 0,25 segundos** o **Adelantar 0,25 segundos** para desplazarse rápidamente por el tiempo de reproducción del archivo.

   • Clic en el icono de **Volumen** para subir o bajar el volumen del archivo multimedia.

Para reproducir el archivo multimedia automáticamente durante la presentación

1. Seleccione su archivo multimedia.

2. En la pestaña contextual **Reproducción**, en el grupo **Opciones de vídeo**, clic en la flecha desplegable del cuadro **Iniciar** y seleccione **Automáticamente**.

3. Use el **Panel de animación** para configurar con más detalles el orden de reproducción de sus archivos multimedia.

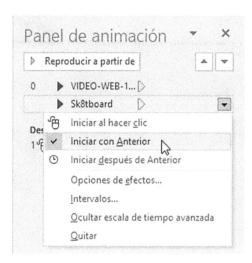

Esta página se dejó en blanco intencionalmente...

Capítulo 8: Preparar y Entregar Presentaciones

En este capítulo aprenderá a:

- Adaptar la presentación para varios tipos de audiencia

- Ensayar y grabar una presentación

- Imprimir diapositivas y documentos

- Empaquetar una presentación

- Crear un vídeo de la presentación

> *Use la carpeta Capítulo8 para los ejercicios de este capítulo.*

Trabajar en una presentación profesional puede tomar mucho tiempo. Desde el proceso de planeación hasta el diseño es un trabajo arduo que todo presentador debe pasar. Sin embargo, de nada sirve que nos pasemos tanto tiempo trabajando en una presentación si no la practicamos antes de salir a la audiencia. Hay quienes pasan semanas preparándose para una presentación en vivo, y PowerPoint puede ayudar en ese proceso.

Puede preparar varios tipos de presentaciones para diferentes audiencias desde un solo archivo y si es necesario, ensayar la presentación para conocer la duración aproximada que le tomará explicar cada diapositiva. Si necesita entregar algún material a la audiencia, puede imprimir las diapositivas o compartir la presentación a través de un CD.

En este capítulo aprenderá a personalizar una presentación para varias audiencias. Podrá ensayar una presentación y conocerá técnicas para distribuir su contenido.

Adaptar una presentación para varias audiencias

Si ya cuenta con una presentación totalmente terminada, no es necesario que realice otra para determinados tipos de audiencia. Por ejemplo, si tiene una presentación general, puede elegir ciertas diapositivas que se ajusten mejor a una audiencia donde solo hay estudiantes, y otra para empresarios. Todo esto desde una sola presentación.

Para poder personalizar una presentación dirigido a diferentes tipos de audiencias, deberá activar el cuadro de diálogo **Definir presentación personalizada**. En el panel de la izquierda deberá seleccionar las diapositivas que sí estarán en la presentación personalizada y hacer clic en **Agregar** para que pasen al panel de la derecha.

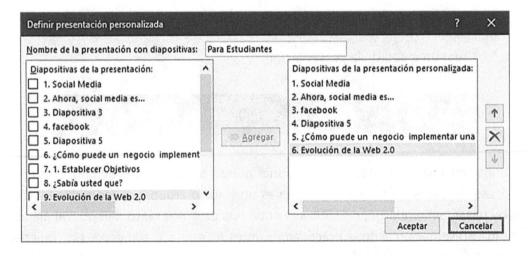

Cuando llegue el momento de dar inicio a la presentación personalizada, deberá hacer clic en el botón **Presentación personalizada**, y hacer clic en el nombre de la nueva presentación. Todas estas opciones se encuentran en la pestaña **Presentación con diapositivas**, dentro del grupo **Iniciar presentación con diapositivas**.

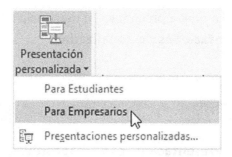

Para definir una presentación personalizada

1. En la pestaña **Presentación con diapositivas**, en el grupo **Iniciar presentación con diapositivas**, clic en **Presentación personalizada.**

2. Seleccione **Presentaciones personalizadas**. Se abre el cuadro de diálogo **Presentaciones personalizadas**.

3. Clic en el botón **Nueva**. Se abre el cuadro de diálogo **Definir presentación personalizada**.

4. Dentro del cuadro de diálogo **Definir presentación personalizada**, en el cuadro **Nombre de la presentación con diapositivas**, escriba un nombre para su nueva presentación personalizada.

5. En el panel izquierdo, active las casillas de las diapositivas que desea incluir en su nueva presentación personalizada.

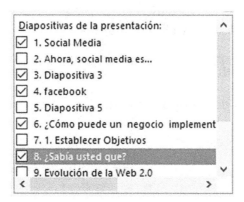

6. Haga clic en **Agregar**. Las diapositivas seleccionadas se agregan al panel derecho.

7. Clic en **Aceptar**. La nueva presentación personalizada aparece en el cuadro de diálogo **Presentaciones personalizadas**.

8. Clic en **Cerrar**.

Para editar una presentación personalizada

1. En la pestaña **Presentación con diapositivas**, en el grupo **Iniciar presentación con diapositivas**, clic en **Presentación personalizada.**

2. Seleccione **Presentaciones personalizadas**. Se abre el cuadro de diálogo **Presentaciones personalizadas**.

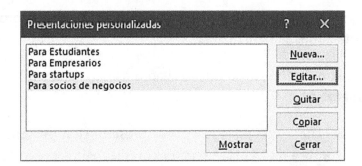

3. Seleccione la presentación personalizada que quiera cambiar y clic en el botón **Editar**. Se abre el cuadro de diálogo **Definir presentación personalizada**.

4. Dentro del cuadro de diálogo **Definir presentación personalizada**, realice los cambios necesarios y clic en **Aceptar**.

Para quitar una presentación personalizada

1. Active el cuadro de diálogo **Presentaciones personalizadas**.

2. Seleccione una presentación personalizada y clic en el botón **Quitar**.

Para dar inicio a la presentación personalizada

1. Realice alguna de estas acciones:

- En la pestaña **Presentación con diapositivas**, en el grupo **Iniciar presentación con diapositivas**, clic en **Presentación personalizada** y seleccione la presentación personalizada que quiera mostrar.

- Active el cuadro de diálogo **Presentaciones personalizadas**, seleccione la presentación personalizada y clic en el botón **Mostrar**.

Configurar una presentación

La forma en cómo inicia una presentación está basada a las configuraciones que han sido ajustadas en el cuadro de diálogo **Configurar presentación**. Por ejemplo, al pulsar la tecla *F5* se inicia la vista de presentación a pantalla completa y eso es debido a que la opción **Realizada por un orador (pantalla completa)** es la configuración por defecto en PowerPoint.

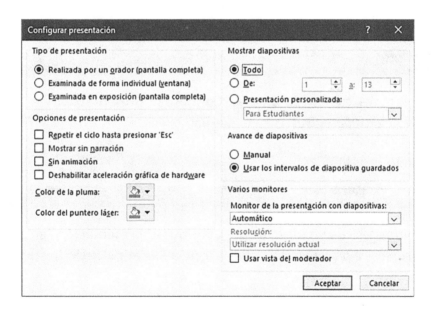

Si ha aplicado intervalos de tiempo a las diapositivas estos se mostrarán en pantalla tal y como lo ha configurado a menos que active la opción **Manual**. Si la opción **Manual** está activa, no importará cuánto se haya demorado en configurar sus intervalos, estos no se mostrarán.

Además, PowerPoint está configurado para que al pulsar *F5* se muestren todas las diapositivas que existen en la presentación. Si ha añadido presentaciones personalizadas, puede hacer que una de esas presentaciones sea la que aparezca por defecto si pulsa *F5*. Por otro lado, puede configurar su presentación para que se repita a cada momento o para que no muestre animaciones si es que estas se reproducen muy lentamente en un equipo de bajos recursos.

Para activar el cuadro de diálogo Configurar presentación

1. En la pestaña **Presentación con diapositivas**, en el grupo **Configurar**, clic en el botón **Configuración de la presentación con diapositivas.**

Para mostrar una presentación personalizada por defecto

1. Dentro del cuadro de diálogo **Configurar presentación**, en la sección *Mostrar diapositivas*, clic en **Presentación personalizada**.

2. Clic en la flecha del cuadro desplegable y seleccione la presentación personalizada que quiere usar.

3. Clic en **Aceptar**.

Para forzar el avance manual en la presentación

1. Dentro del cuadro de diálogo **Configurar presentación**, en la sección *Avance de diapositivas*, clic en **Manual**.

2. Clic en **Aceptar**.

Para repetir la presentación

1. Dentro del cuadro de diálogo **Configurar presentación**, en la sección *Opciones de presentación*, active la casilla **Repetir el ciclo hasta presionar Esc**.

2. Clic en **Aceptar**.

Para quitar animaciones

1. Dentro del cuadro de diálogo **Configurar presentación**, en la sección *Opciones de presentación*, active la casilla **Sin animación**.

2. Clic en **Aceptar**.

Usar el modo Exposición

El modo *Exposición* en PowerPoint permite mostrar una presentación sin supervisión de nadie, ideal para que los usuarios puedan manipular la presentación por sí mismos. Probablemente haya visto el modo exposición en algún centro comercial. Por ejemplo, los usuarios llegan a la tienda, y mediante el mouse o a través de una pantalla táctil, ellos pueden ver la información.

https://newmindgroup.com/wp-content/uploads/2014/12/kiosk.jpg

Cuando el modo *Exposición* está habilitado, la navegación con el teclado y el clic del mouse en el fondo de la diapositiva no será posible (excepto al pulsar la tecla Esc para salir de la vista de presentación), por ello, los usuarios deben emplear los botones de acción e hipervínculos para navegar a través de las diapositivas.

Para activar el modo Exposición

1. Active el cuadro de diálogo **Configurar presentación**.

2. Dentro del cuadro de diálogo **Configurar presentación**, en la sección *Tipo de presentación*, active la casilla **Examinada en exposición (pantalla completa)**.

3. Clic en **Aceptar**.

Ensayar la presentación

Como bien sabe desde los primeros capítulos de este libro, para poder avanzar entre diapositiva y diapositiva en la vista de presentación, debe hacerlo manualmente. Ya sea haciendo clic en la pantalla, pulsando *Enter* o alguna de las teclas direccionales asociadas. Si prefiere no avanzar manualmente, puede configurar sus diapositivas para que estas avancen automáticamente, tal como lo aprendió en el capítulo anterior.

Sin embargo, "uno no entra al ring sin saber boxear". Es recomendable para todo orador que ensaye antes de salir en público. Ensayar una presentación es una oportunidad para practicar lo que va a decir en cada diapositiva asegurándose que la información se transmita claramente a la audiencia. Cuando ensaya una presentación, PowerPoint establece automáticamente la duración de cada diapositiva.

Mientras ensaya la presentación, PowerPoint mostrará las diapositivas en la vista de presentación (pantalla completa) con la barra de herramientas flotante **Grabación**.

La barra de herramientas **Grabación** tiene solo tres botones y dos etiquetas de tiempo. Puede usar estas herramientas para gestionar el proceso de ensayo de su presentación de la siguiente forma:

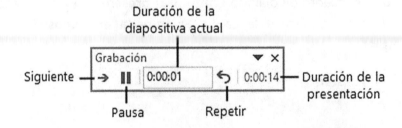

- Use el botón **Siguiente** para avanzar a la siguiente diapositiva.

- Use el botón **Pausa** para detener el ensayo momentáneamente. Se abrirá un cuadro de mensaje con un botón para **Reanudar la grabación**.

- Use el botón **Repetir** para volver a cero la grabación de la diapositiva actual.

- La primera etiqueta de tiempo muestra la duración de la diapositiva actual, mientras que la segunda etiqueta muestra la duración actual de la presentación.

Cuando complete el ensayo, PowerPoint muestra el tiempo total y le pregunta si desea guardar los nuevos intervalos de tiempo de cada diapositiva. Si hace clic en **Sí**, se reemplazará la duración de todas las diapositivas que estuvieron activas durante el ensayo.

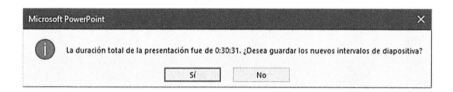

No es de suma importancia que la duración de cada diapositiva durante el ensayo sea exacta. Puede ajustar el tiempo manualmente si lo requiere.

Para ensayar una presentación

1. En la pestaña **Presentación con diapositivas**, en el grupo **Configurar**, clic en **Ensayar intervalos**. Se muestra la primera diapositiva a pantalla completa y la barra de herramientas **Grabación** aparece en la esquina superior izquierda.

2. Comience a ensayar lo que va a decir a la velocidad con la que se sienta más cómodo, o espere la cantidad de tiempo suficiente para que los miembros de la audiencia puedan leer y comprender la diapositiva.

3. En la barra de herramientas **Grabación**, haga clic en el botón **Siguiente** para ir a la próxima diapositiva.

4. Repita el *paso 2* y cuando termine, clic en el botón **Siguiente** para avanzar por las diapositivas. Siga repitiendo el paso 2 y 3 hasta llegar al final de la presentación.

5. Cuando haya llegado al final de la presentación, PowerPoint mostrará un mensaje con el tiempo de duración de la presentación. Haga clic en **Sí** para aceptar el nuevo intervalo.

Grabar una presentación

Si quiere grabar una presentación, el proceso es similar al de ensayar una. Puede grabar la presentación desde el comienzo o desde una diapositiva específica. Además, puede incluir una narración y anotaciones en pantalla si lo requiere. Grabar una presentación le permite revisar cómo quedará su trabajo, y si todo es correcto, puede usarlo para su exposición en vivo o distribuirlo a sus usuarios a través de un medio online.

Cuando empieza el proceso de grabación se abre la vista de grabación que es similar a la vista moderador (véase *Trabajar con la vista Presentación con diapositivas* en el *Capítulo 2: Trabajar con Presentaciones*).

Desde esta vista puede realizar las siguientes acciones:

- Use el botón **Siguiente** o **Anterior** para dirigirse a la diapositiva desde donde quiere empezar la grabación. Use estos mismos botones para moverse a otras diapositivas mientras se está grabando la presentación.

- Clic en el botón **Iniciar grabación** para empezar el proceso de grabación de la presentación.

- Si tiene conectado un micrófono, puede empezar a narrar la diapositiva actual. Ayúdese con las notas del orador y utilice los *marcadores* para resaltar ciertas partes de la diapositiva.

- Revise el área de tiempo en la parte superior de la pantalla. El tiempo de la izquierda representa la duración de la diapositiva actual, mientras que el de la derecha representa el tiempo total de la presentación.

- Mientras se está grabando la presentación, el botón **Iniciar grabación** cambia por **Pausar grabación**. Además, el botón **Detener grabación** también se activa. Si pausa la grabación y luego quiere continuar grabando desde donde se quedó, deberá hacer clic en el botón **Reanudar grabación** que tiene la misma apariencia que el botón **Iniciar grabación**.

- Si hace clic en **Detener grabación**, el botón **Iniciar la vista previa** se activa y permitirá ver lo que ha grabado en la diapositiva actual.

- Pulse la tecla `Esc` para salir de la vista de presentación.

Para grabar una presentación

1. En la pestaña **Presentación con diapositivas**, en el grupo **Configurar**, clic en **Grabar presentación con diapositivas**. Se abre la vista de grabación.

2. Usando los botones **Siguiente** y **Anterior**, sitúese en la diapositiva desde donde quiere empezar la grabación.

3. Clic en el botón **Iniciar grabación**. Comienza el proceso de grabación y el área de tiempo va mostrando en segundos la duración de la diapositiva actual y de la presentación.

4. Narre la diapositiva y utilice los *marcadores* para resaltar ciertas áreas de la diapositiva.

5. Cuando termine de realizar la narración en la diapositiva actual, use el botón **Siguiente** para pasar a la próxima diapositiva. Si la diapositiva tiene animaciones, use el botón **Siguiente** para reproducir cada animación.

6. Al terminar de grabar toda la presentación, clic en el botón **Detener grabación**.

7. Use el botón **Iniciar la vista previa** para revisar cómo ha quedado la grabación.

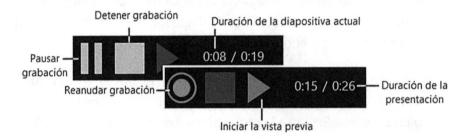

8. Al terminar de reproducir todo, pulse la tecla `Esc` para salir de la vista de grabación.

Imprimir diapositivas y documentos

Durante los primeros siete capítulos de este libro, se ha trabajado en la creación de una presentación que pueda ser reproducida en pantalla a través de la vista de presentación. Sin embargo, PowerPoint también ofrece la capacidad de imprimir las presentaciones en forma de diapositivas y notas que luego pueden ser distribuidas a la audiencia

Para empezar a configurar el diseño de impresión, debe activar la página **Imprimir** en la vista *Backstage*. Mientras va configurando las opciones, podrá previsualizar la apariencia de la impresión y ajustar las configuraciones de acuerdo a sus requerimientos.

Dentro de la página **Imprimir** podrá realizar las siguientes acciones:

- La sección *Impresora* muestra la impresora predeterminada. Puede hacer clic en la flecha desplegable para elegir otra impresora instalada en el equipo. El tamaño de página, el color de impresión y otros aspectos, dependen de la impresora seleccionada. Haga clic en **Propiedades de impresora** para realizar algún cambio.

- En la sección **Configuración**, clic en la flecha desplegable **Diseño de impresión** para elegir entre diversos diseños de impresión.

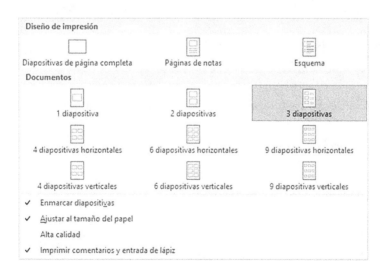

- También en la sección **Configuración** puede elegir el color de la impresión. Las opciones van desde **Color**, **Escala de grises** o **Blanco y negro puros**.

Para activar la vista de impresión

1. Clic en la pestaña **Archivo** y clic en **Imprimir**.

Para elegir una impresora

1. En la sección *Impresora*, clic en la flecha desplegable de la impresora predeterminada.

2. Clic en la impresora que desea usar.

Para configurar el diseño, el color e imprimir

1. Clic en la flecha desplegable de **Diseño de impresión** y seleccione el diseño que mejor se adapte a sus necesidades.

2. Clic en la flecha desplegable **Color** y elija el color que crea conveniente.

3. Clic en el botón **Imprimir**.

Ejercicio Paso a Paso

En el siguiente ejercicio aprenderá a configurar las opciones de impresión para luego imprimir las diapositivas de la presentación.

> *Antes de comenzar, debe tener una impresora instalada en el equipo.*
> *Abrir la presentación Impresión.pptx.*

1. Clic en la pestaña **Archivo** y clic en **Imprimir**.

   Se muestra la primera diapositiva en la vista previa.

2. En la sección **Configuración**, clic en la flecha desplegable **Diseño de impresión**.

3. En la sección *Documentos*, clic en **3 Diapositivas**.

   Vea el cambio en la vista previa. Este diseño de impresión es ideal para que las personas puedan escribir sus anotaciones.

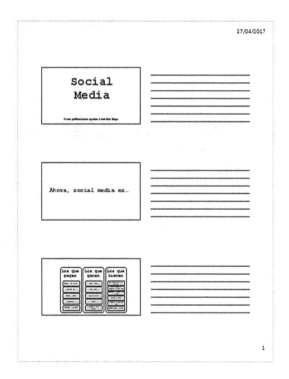

4. Clic en la flecha desplegable **Color** y seleccione **Blanco y negro puros**.

5. Haga clic en el enlace **Editar encabezado y pie de página**.

   Se abre el cuadro de diálogo **Encabezado y pie de página** con la pestaña **Notas y documentos para distribuir** activa.

6. Verifique que la casilla **Número de página** esté activa.

7. Active la casilla **Encabezado**, y en el cuadro en blanco escriba: `Social Media para Emprendedores`.

8. Haga clic en **Aplicar a todo**.

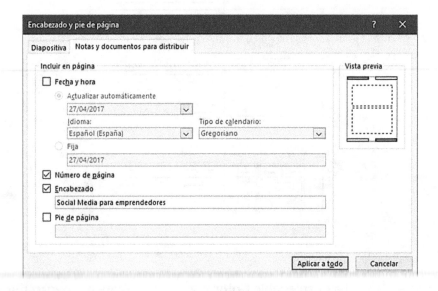

   El encabezado aparece en la parte superior de la página.

9. En la parte inferior de la vista previa, haga clic el botón **Siguiente** para dar un vistazo a todas las páginas de la impresión.

10. Por último, clic en **Imprimir**.

Empaquetar una presentación

Si piensa llevar su presentación a un nuevo equipo o distribuirlo a través de un medio físico -como un CD-, necesita asegurarse que todas las fuentes, objetos vinculados y otros componentes de la presentación estén disponibles donde y cuando los necesite.

Puede usar la característica **Empaquetar presentación para CD** para ensamblar un paquete que contenga una o varias presentaciones y todos sus contenidos vinculados o incrustados (como las fuentes, efectos de sonidos, archivos de audio y vídeo). Una vez empaquetado, puede guardarlo en un CD, o a través de un medio extraíble u otra ubicación de almacenamiento.

Para poder revisar el paquete, solo deberá ejecutar la presentación usando PowerPoint, y si la aplicación no estuviera instalada, podrá hacer uso de PowerPoint Viewer, un visualizador que puede ser descargado libremente desde Microsoft Download Center.

Para empaquetar la presentación abierta

1. Si desea guardar el empaquetado en un CD o en un medio extraíble, insértelo o conéctelo al equipo.

2. Clic en la pestaña **Archivo**, clic en la página **Exportar**, y clic en **Empaquetar presentación para CD**.

3. Clic sobre el botón **Empaquetar para CD-ROM**. Se abre el cuadro de diálogo **Empaquetar para CD-ROM** y se muestra la presentación actualmente abierta.

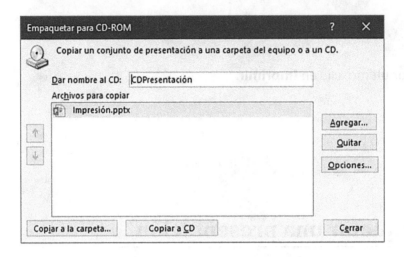

4. Dentro del cuadro de diálogo **Empaquetar para CD-ROM** realice las siguientes acciones:

- Reemplace el nombre por defecto (*CDPresentación*) por el nombre que quiera.

- Para incluir otras presentaciones en el paquete, clic en el botón **Agregar**. Navegue hasta la carpeta donde se encuentra la presentación que desea añadir, selecciónelo, y clic en **Agregar**.

- Para volver a ordenar las presentaciones en el paquete, seleccione una presentación y haga clic en los botones **Arriba** o **Abajo** para organizarlos.

- Para guardar el paquete a una unidad de almacenamiento extraíble (Memoria USB u otro dispositivo), clic en el botón **Copiar a la carpeta**. Dentro del cuadro de diálogo **Copiar a la carpeta**, clic en **Examinar**, y seleccione la ubicación donde guardará el empaquetado. Clic en **Aceptar**.

- Clic en el botón **Copiar a CD**, y empezará el proceso de quemado.

5. Una vez terminado el proceso, clic en el botón **Cerrar** del cuadro de diálogo **Empaquetar para CD-ROM**.

Para visualizar la presentación del paquete

1. Inserte su CD o conecte su dispositivo de almacenamiento en el equipo.

2. Abrir su unidad y abrir la carpeta con el nombre que le aplicó en el empaquetado.

3. Haga doble clic sobre el archivo de presentación.

Crear un vídeo

Otra manera de distribuir una presentación es a través de un vídeo. Los usuarios pueden ver la presentación exactamente como es, incluyendo narraciones, animaciones e intervalos entre diapositivas, y lo mejor de todo, no necesitan tener instalado PowerPoint. Para reproducir el vídeo, necesitan de un reproductor, que no es más que una aplicación que reproduce un archivo de vídeo.

> *En Windows 10 se incluye la aplicación Películas y TV ideal para reproducir vídeos.*

Puede exportar su presentación con un formato de vídeo MPEG-4 (MP4) o en Windows Media Player (WMV). Estos formatos son compatibles en la mayoría de reproductores y pueden ser distribuidos vía correo electrónico, subirlos a un sitio web, o compartirlos a través de OneDrive.

Para guardar una presentación como vídeo

1. Asegúrese de haber finalizado su presentación. Estas pueden incluir animaciones, narraciones y otros archivos multimedia.

2. Clic en la pestaña **Archivo** y clic en la página **Exportar**.

3. Clic en **Crear un vídeo**. Las opciones para crear un vídeo se muestran a la derecha.

4. Clic en la flecha desplegable del cuadro **Calidad** y elija alguna de estas opciones:

   - **Calidad de presentación:** Guarda el vídeo en un tamaño pesado, pero con una alta calidad (1920 x 1080).

   - **Calidad de Internet:** Guarda el vídeo en un tamaño de archivo más pequeño y con una calidad regular de 1280 x 720. Ideal para subir el archivo a sitios web de streaming como YouTube.

   - **Calidad baja:** Es un archivo bastante pequeño y con una baja calidad hasta 852 x 480. Ideal para compartirlo con otros usuarios a través de OneDrive u otro medio.

5. Clic en la flecha desplegable del siguiente cuadro para elegir si desea usar las narraciones o intervalos grabados.

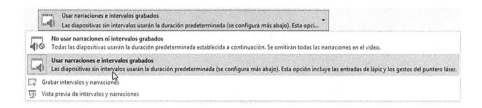

6. En la etiqueta *Segundos de duración de cada diapositiva*, ingrese el número de segundos para aplicar una duración por defecto entre cada diapositiva.

7. Clic en el botón **Crear vídeo**. Se abre el cuadro de diálogo **Guardar como**.

8. Escriba un nombre para el vídeo en el cuadro **Nombre de archivo**.

9. Clic en la flecha desplegable **Tipo** y seleccione el formato adecuado.

10. Clic en **Guardar**.

Descargar Archivos de Práctica

Usted puede descargar los archivos de práctica a través del siguiente enlace:

https://goo.gl/rfh8JQ